イトを結ぶ指の動きがひと目で丸わかり！

釣りの結び 完璧 BOOK

海釣り編

西野弘章 著

山と溪谷社

	孫バリの結び………………………	70
	アシストフック（1）……………	72
	アシストフック（2）……………	74
	アシストフック（3）……………	76
COLUMN	「ハリ結び器」を使ってみる ………………	78
◆イトとイトの結び	トリプルエイトノット……………	80
	サージャンズノット………………	82
	ブラッドノット……………………	84
	電車結び（1）……………………	86
	電車結び（2）……………………	88
	ループトゥループ…………………	90
◆枝ハリスの結び	サージャンズノット改……………	92
	ヨリチチワ結び……………………	94
	無限結び……………………………	96
	ビーズ結び…………………………	98
◆ヨリイトの結び	ヨリイトの作り方…………………	100
◆ウキ留めの結び	ウキ留め結び………………………	102
COLUMN	本当に「強い結び」とは？………………	104
◆輪を作る結び	パーフェクションループ…………	106
	スパイダーヒッチ…………………	108
	ビミニツイスト……………………	110
◆PEラインとリーダーの結び	FGノット…………………………	114
	SFノット…………………………	118
	フィッシャーマンノット…………	120
	ファイヤーノット…………………	122
	PRノット…………………………	124

　現在、釣りに使われている定番の結び方には、それぞれに特徴がある。強度はそこそこながら初心者でも簡単に結べるもの、結ぶ手間はかかるが強度抜群なもの、夜でも手早く結べるもの、手袋をはめたままでも結べるもの、老眼でも結べるもの……。釣りにおけるさまざまな状況を想定したこうした結び方が、古今の先人たちによって考案されてきたわけだ。
　本書では、それらの結びの中でも海釣りで多用される基本的、かつ強度にも優れたオススメの結び方を網羅した。結び方がよくわかるように要所の指使いをイラスト化しているので、ぜひ自分で一番結びやすい方法を見つけ出して明日の釣りに活かしてみたい。

釣りの結び完璧BOOK 海釣り編　目次

◆仕掛け別の主な結び方
- ウキ釣り　4
- サビキ釣り　5
- 投げ釣り　6
- ウキフカセ釣り　7
- カゴ釣り　8
- ルアーフィッシング　9
- 沖釣り　10

COLUMN　知っておきたい結びの「コツ」　12

◆ノベ竿とミチイトの結び
- チチワ結び　14
- 投げ縄結び　16

◆リールとミチイトの結び
- ダブルユニノット　18

◆接続具やルアーなどの結び
- クリンチノット　20
- ダブルクリンチノット　22
- ユニノット　24
- 8の字結び（エイトノット）　26
- 編み付け結び　28
- スイベルノット　30
- 深海結び　32
- 移動結び　34
- パロマーノット　36
- 漁師結び　38
- ハングマンズノット　40
- 完全結び　42
- フリーノット　44
- ハリソンズループ　46
- スッテや弓ヅノの結び　48

COLUMN　あると便利な結びの「ツール」　50

◆ハリの結び
- 内掛け結び（1）　52
- 内掛け結び（2）　54
- 外掛け結び　56
- フィンガーノット　58
- 簡単結び　60
- スネルノット　62
- 枕結び　64
- 南方延縄結び　66
- ハリスのチモト補強　68

堤防 ウキ釣り

ノベ竿による「ウキ釣り」は、堤防で小型魚を狙うときに人気の釣り方だ。この仕掛けを作るときに必須なのが、穂先にミチイトをセットする結び。穂先のタイプに応じて、最適の結び方をしてみたい。

主な対象魚
アジ、メジナ、ウミタナゴ、サヨリ、タカベ、メバル、ハゼなど

穂先

チチワ結び ➡ P.14
投げ縄結び ➡ P.16

ノベ竿にミチイトをセットする場合、穂先がリリアンタイプなら「チチワ結び」、金属タイプなら「投げ縄結び」を利用するとよい。

ウキ

ミチイト

クリンチノット ➡ P.20
ダブルクリンチノット ➡ P.22
ユニノット ➡ P.24
深海結び ➡ P.32

接続具（サルカン）

クリンチノット ➡ P.20
ダブルクリンチノット ➡ P.22
ユニノット ➡ P.24
8の字結び ➡ P.26

ハリスは交換が多くなるので、手早く結べる方法が便利。初心者には、簡単で強度にも優れる「8の字結び」がオススメだ。

ハリス

内掛け結び ➡ P.52
外掛け結び ➡ P.56
簡単結び ➡ P.60

初心者は、市販のハリス付きのハリを使うのも便利。

ハリ

仕掛け別の主な結び方

初めて釣りを体験するなら、まずウキ釣りで基本の結びを覚えてみたい

堤防 サビキ釣り

「サビキ釣り」は、堤防や海釣り公園でアジなどを狙うときの定番釣法。ミチイトとスナップサルカンとの結びだけ覚えてしまえば、市販の仕掛けを利用することで初心者でも手軽に釣りを楽しめる。

主な対象魚
アジ、サバ、イワシ、サッパ、コノシロ、ウミタナゴ、コウナゴ、キビナゴ、カマスなど

ミチイト

接続具（スナップサルカン）

クリンチノット ➡ P.20
ダブルクリンチノット ➡ P.22
ユニノット ➡ P.24
8の字結び ➡ P.26

市販のサビキ仕掛けを利用すれば、実質、ミチイトと接続具の結びだけで釣りを楽しめる。

無限結び ➡ P.96

万一、枝バリが切れてしまった場合、予備のハリスを無限結びなどでセットするとよい。

サビキバリ

枝ハリス

幹イト

ダブルユニノット ➡ P.18

サビキ釣りに限らず、リールにミチイトをセットするときは「ダブルユニノット」で結べばよい。

オモリ

必要最小限の結びだけで楽しめるのがサビキ釣りの魅力。家族連れや初心者同士での釣りにもピッタリ！

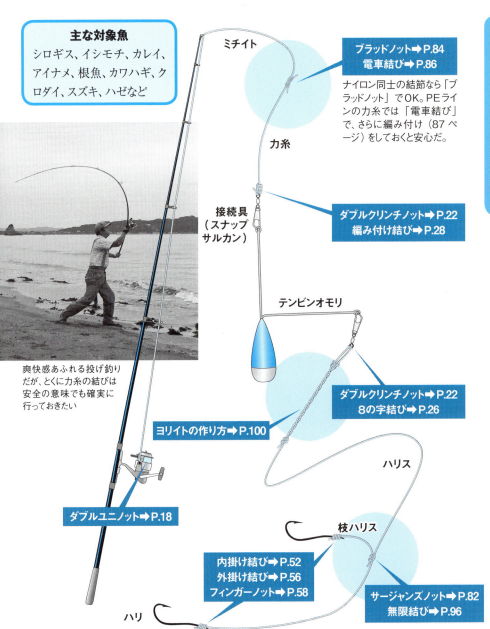

ウキフカセ釣り

磯・堤防

ウキを遊動式にすることで、幅広いタナ（層）を狙える「ウキフカセ釣り」。このシステムで欠かせないのが、ミチイトにセットするウキ留めだ。ハリの結び方も、しっかり練習しておきたい。

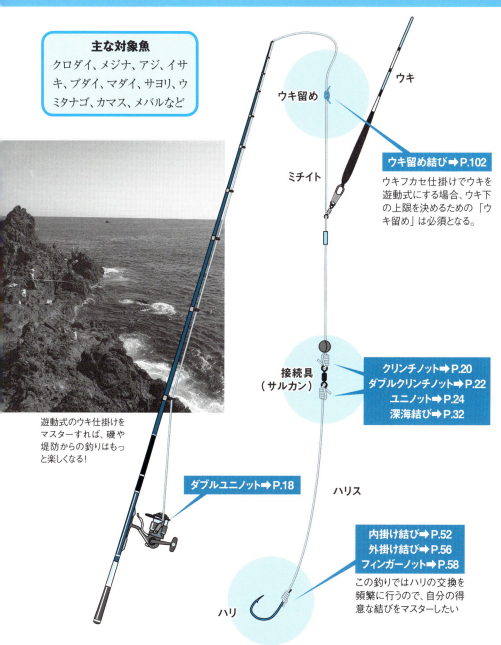

主な対象魚
クロダイ、メジナ、アジ、イサキ、ブダイ、マダイ、サヨリ、ウミタナゴ、カマス、メバルなど

遊動式のウキ仕掛けをマスターすれば、磯や堤防からの釣りはもっと楽しくなる！

ウキ

ウキ留め

ミチイト

ウキ留め結び ➡ P.102
ウキフカセ仕掛けでウキを遊動式にする場合、ウキ下の上限を決めるための「ウキ留め」は必須となる。

接続具（サルカン）

クリンチノット ➡ P.20
ダブルクリンチノット ➡ P.22
ユニノット ➡ P.24
深海結び ➡ P.32

ダブルユニノット ➡ P.18

ハリス

内掛け結び ➡ P.52
外掛け結び ➡ P.56
フィンガーノット ➡ P.58

この釣りではハリの交換を頻繁に行うので、自分の得意な結びをマスターしたい

ハリ

カゴ釣り

磯・堤防

遠いポイントや深いタナにいる回遊魚を狙い撃ちにできる「カゴ釣り」。大型のウキやコマセカゴの重量、そして強烈な魚の引きに耐えるためにも各部の結びはしっかりしたものを選択したい。

仕掛け別の主な結び方

主な対象魚
ワラサ、イナダ、カンパチ、ソウダガツオ、アジ、サバ、イサキ、マダイ、メジナなど

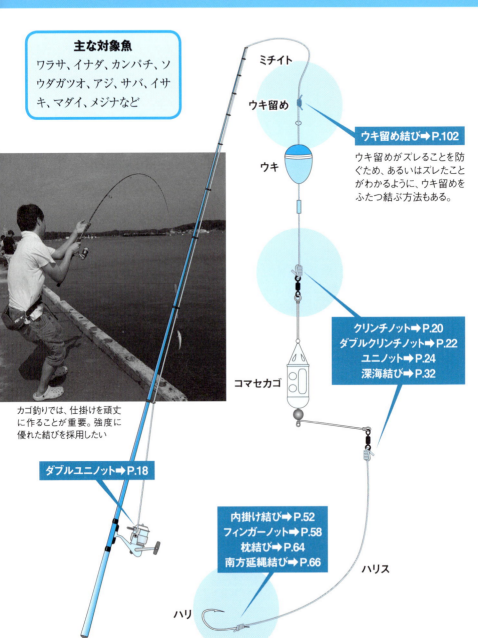

カゴ釣りでは、仕掛けを頑丈に作ることが重要。強度に優れた結びを採用したい

ダブルユニノット ➡ P.18

ミチイト
ウキ留め
ウキ

ウキ留め結び ➡ P.102
ウキ留めがズレることを防ぐため、あるいはズレたことがわかるように、ウキ留めをふたつ結ぶ方法もある。

クリンチノット ➡ P.20
ダブルクリンチノット ➡ P.22
ユニノット ➡ P.24
深海結び ➡ P.32

コマセカゴ

内掛け結び ➡ P.52
フィンガーノット ➡ P.58
枕結び ➡ P.64
南方延縄結び ➡ P.66

ハリス

ハリ

8

ルアーフィッシング

堤防・海岸・磯

「ルアーフィッシング」でミチイトにPEラインを使用する場合は、その先端にリーダーを結節するのが一般的だ。ルアーの結びでは、ルアーの泳ぎを損なわないフリーノットもマスターしておこう!

主な対象魚
シーバス(スズキ)、ヒラメ、マゴチ、中～大型回遊魚、アジ、メバル、カサゴ、アオリイカ、コウイカ、タコなど

細いラインで大物を狙うことの多いルアーフィッシングでは、リーダーシステムを使いこなすことが大切

ミチイト(メインライン)

FGノット ➡ P.114
SFノット ➡ P.118
ファイヤーノット ➡ P.122
サージャンズノット ➡ P.82

PEラインでは強度の劣化を防ぐため、結びコブを作らない「摩擦系」の結び方でリーダーをセットするのが基本だ。極細PEなら、サージャンズノットでOK。

リーダー

ダブルクリンチノット ➡ P.22
パロマーノット ➡ P.36
漁師結び ➡ P.38
ハングマンズノット ➡ P.40
フリーノット ➡ P.44
ハリソンズループ ➡ P.46

ルアーのスプリットリングではなく、ラインアイに直接ラインを結ぶ場合は、結び目を固定しないフリーノットかハリソンズループを採用すると泳ぎを損ないにくい。

ダブルユニノット ➡ P.18

船・ボート　沖釣り

「沖釣り」は狙える魚が多彩で、使用する仕掛けも千差万別。どの仕掛けを使うにしても、いざというときの大物に備えるため、ミチイトと接続具、ハリスとハリの結節などは確実に行っておきたい。

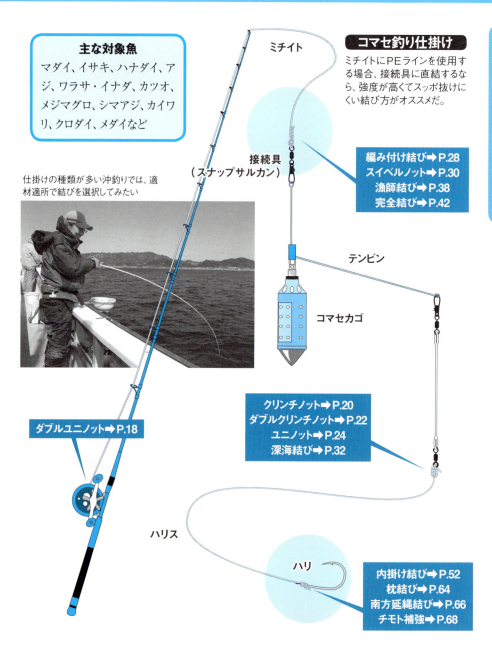

主な対象魚
マダイ、イサキ、ハナダイ、アジ、ワラサ・イナダ、カツオ、メジマグロ、シマアジ、カイワリ、クロダイ、メダイなど

仕掛けの種類が多い沖釣りでは、適材適所で結びを選択してみたい

コマセ釣り仕掛け
ミチイトにPEラインを使用する場合、接続具に直結するなら、強度が高くてスッポ抜けにくい結び方がオススメだ。

編み付け結び ➡ P.28
スイベルノット ➡ P.30
漁師結び ➡ P.38
完全結び ➡ P.42

ミチイト
接続具（スナップサルカン）
テンビン
コマセカゴ
ハリス
ハリ

ダブルユニノット ➡ P.18

クリンチノット ➡ P.20
ダブルクリンチノット ➡ P.22
ユニノット ➡ P.24
深海結び ➡ P.32

内掛け結び ➡ P.52
枕結び ➡ P.64
南方延縄結び ➡ P.66
チモト補強 ➡ P.68

仕掛け別の主な結び方

沖釣り

ジギング仕掛け
PEラインとリーダーの結び、そしてメタルジグにセットするためのアシストフックの結びも覚えたい。

主な対象魚
シーバス（スズキ）、タチウオ、ワラサ・イナダ、ヒラマサ、根魚など

泳がせ仕掛け
1本のハリスに親バリと孫バリを結ぶ場合、ふたつのハリの距離を保ちやすい結びが便利。

主な対象魚
ヒラメ、ワラサ、カンパチ、タチウオ、マゴチ、根魚、マトウダイなど

胴付き仕掛け
複数のハリを使用する仕掛けなので、枝ハリスを手早くセットできる結び方を練習しておこう！

主な対象魚
カワハギ、メバル、カサゴ、イシモチ、ハナダイ、ショウサイフグなど

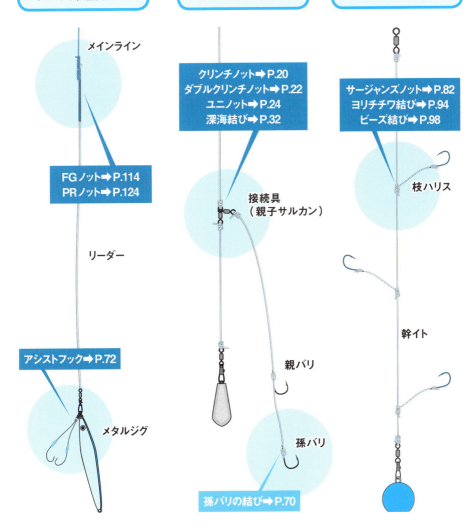

- メインライン
- FGノット ➡ P.114
- PRノット ➡ P.124
- リーダー
- アシストフック ➡ P.72
- メタルジグ

- クリンチノット ➡ P.20
- ダブルクリンチノット ➡ P.22
- ユニノット ➡ P.24
- 深海結び ➡ P.32
- 接続具（親子サルカン）
- 親バリ
- 孫バリ
- 孫バリの結び ➡ P.70

- サージャンズノット ➡ P.82
- ヨリチチワ結び ➡ P.94
- ビーズ結び ➡ P.98
- 枝ハリス
- 幹イト

知っておきたい結びの「コツ」

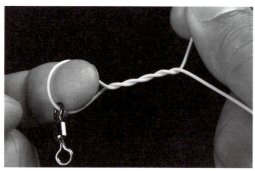

1 巻き付け数は適正に！

たとえばクリンチノットの場合、4回巻きでは結節強度がライン強度の70％ほどなのに対し、5回巻きでは90％近い強度を発揮することが実験で証明されている。とはいえ、巻き過ぎも逆効果になりがちなので、結びでの巻き付けは基本通りの適正な回数にすることが大切だ。

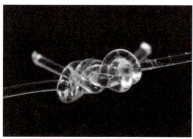

3 「美しい仕上がり」を目指す

結び目が弱くなる原因のひとつが、ラインの交差部分のつぶれ。雑に結ぶとつぶれる割合が多くなるので、できるだけていねいに均一に巻くことが大切だ。「美しい結び」は強度も優れている。

2 結び目を濡らす

素材の種類を問わず、ラインは「摩擦熱」で強度が大きく低下してしまう。結び目を締めるときにも摩擦熱が発生するので、必ずラインを唾液などで湿らせてから、ゆっくり締め付けることが重要。

仕上がりの「美しさ」が重要。ていねいな作業を心がけたい

釣りイトを結ぶ方法は無数にあるが、それらの結びの強度をフルに発揮させるためには共通のコツがある。

まず、どんな結び方でも、結びつけるときのラインの「巻き付け回数」を守ることが大切。少なすぎるとスッポ抜けたりするし、多すぎてもラインがつぶれて強度が落ちてしまうことがある。また、結びの最後でラインをしっかりと「締め込む」ことでも抜け防止になり、強度アップにもつながる。適正の巻き付け数で正しくていねいに結んだものは仕上がりが美しく、強度的にも優れているのだ。

さらに、ラインは結ぶときの摩擦熱によって劣化しやすいので、これを防ぐために結びの最後の締め付け時に、必ずラインを唾液などで「濡らす」ことを習慣にしておきたい。

ほかにも注意点がいくつかあるので、ぜひ参考にしてみよう。

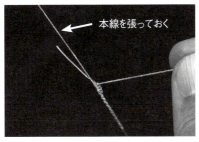

7 ラインのテンションを利用する

ラインを編み込みで補強するときなどは、ラインの本線を張り気味にしておくと作業がしやすくなる。ハリや接続具をどこかに引っ掛けたり、ミチイトの場合は竿先のテンションを利用するとよい。

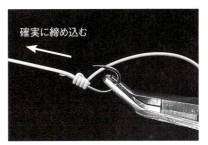

4 最後の「締め込み」を確実に

ライン切れしたときに、その先端がクルクルと縮れていたら結び目からスッポ抜けた証拠。これを防ぐには、結びの最後でしっかり締め込んでおくことが大切。強度も、これだけで確実にアップする。

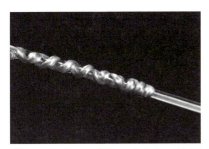

8 PEラインは「色の変化」に注目

PEラインとリーダーの結びでは、強く結び目を引き締めたときにPEラインの色が濃くなることが成功のバロメーター。摩擦系の結びの場合は、必ずPEラインの色の変化をチェックしてみたい。

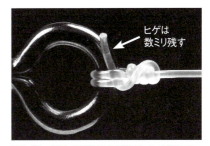

5 「ヒゲ」は数ミリ残すのが基本

結びの最後に残る端イト（ヒゲ）をギリギリで切ってしまうと、強い負荷によってスッポ抜けることがある。本書で紹介しているいくつかの例外的な結び方を除き、ヒゲは数ミリ残しておくのが安心だ。

9 スプリットリングは二重部分に！

ルアーのラインアイに付いている「スプリットリング」にラインを結ぶ場合、リングのエッジ部分（矢印）に結ぶとラインを傷つけることがある。必ずリングが二重になっている部分に結ぼう。

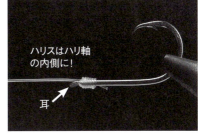

6 ハリスは「ハリ軸の内側」へ

ハリを結ぶ場合、ハリスはハリ軸の「内側」にすることが大切。これが外側になっているとハリスがハリの耳に擦れて切れる原因になる。内側なら、魚が食ってきたときのハリ刺さりもよくなるのだ。

チチワ結び

ノベ竿にミチイトをセットするために、必ず覚えておきたい超定番の結び方

1 ミチイトの上端を10cmほど折り返し、さらに2本束ねた状態で3cm径ほどの輪を作る。このとき、交点が緩まないように、利き手の反対側の指でつまんでおく。続いて、輪の向こう側から利き手の人差し指を入れる。

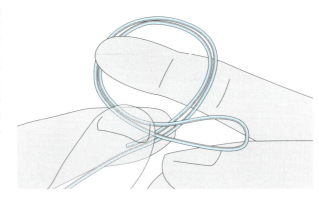

2 利き手の人差し指を半回転させて輪をねじり、そのテンションを保ったまま先端の折り返し部分を人差し指ですくい取るように輪にくぐらせる。慣れれば簡単！

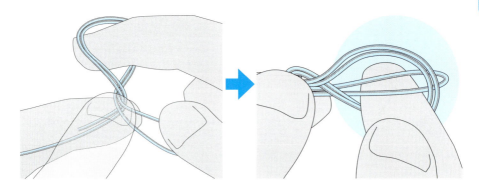

3 そのまま利き手の親指と人差し指で折り返し部分を引っ張る。これで、いわゆる「8の字結び」の形になるわけだ。これでできる輪（チチワ）が長さ5cm前後になるように微調整してから、結び目をしっかり締め付ける。

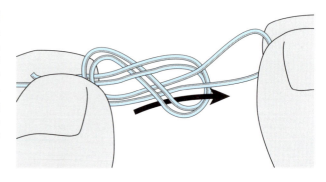

アドバイス　1でループに入れる指の向きを間違えないように注意！

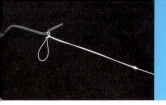

リールを使用しないノベ竿で、ミチイトを穂先にセットするのに便利なのがこの結び。簡単に取り付けできて、外すのもワンタッチ。結びの基本形でもある「8の字結び」の応用なので、ぜひ覚えておこう。

4 同様の要領で、輪の先端側にも8の字結びで長さ1cmほどの小さな輪を作る。余分の端イトをカットして、正しいチチワ結びの完成。

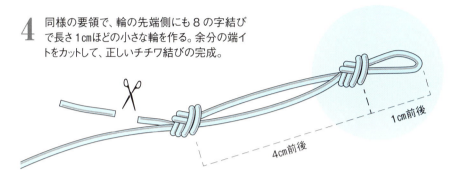

5 親指と人差し指を大きな輪の中に入れて広げ、その真ん中にミチイトを折り返してつまむ。その状態で、小さな輪のほうをミチイト側に軽く引っ張るとチチワを折り返した形になる。

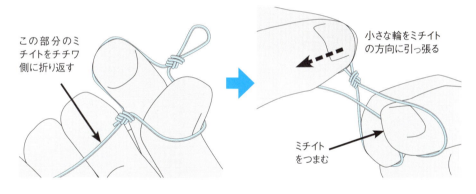

6 できた二重の輪の中に、竿の穂先のリリアンを通し、ミチイトの本線をゆっくり引き締めればセット完了。結びを外すときは、小さな輪を引っ張るだけなので簡単。

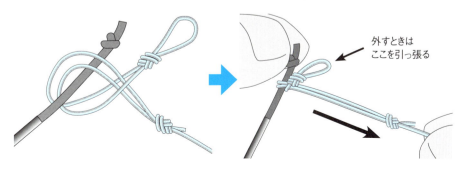

投げ縄結び

金属トップの穂先にも適した、ノベ竿へのミチイトのセット方法

1 14ページの要領で、ミチイト上端に単線の状態で結びコブ（8の字結び）を作る。あまり強度がかからない釣りでは、普通の一重結びでコブにしてもよい。

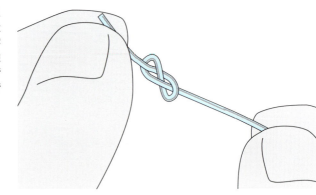

2 もうひとつ、同じようにして8の字結びでコブを作る。ふたつのコブの間隔は1〜1.5cmほどが目安。余分の端イトはカットする。先端側のコブは、指でつまんだときの滑り止め用なので省略する人もいる。

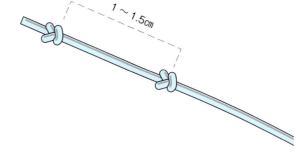

3 コブを作ったミチイトの先端を本線側に1回絡めるようにしてループを作る。

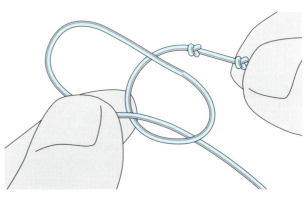

ノベ竿とミチイトの結び

カウボーイが使う投げ縄のように、ミチイトの本線側を引っ張ることで結び目が締まる方法。最近よく見かけるメタルトップの穂先でもしっかりとセットできるので、この結び方を愛用している釣り人も多い。

4 絡めたループの中に端イトを1回くぐらせて、一重結びを作る。2回くぐらせる人もいるが、強度的には大差ない。

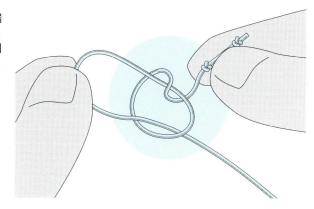

5 先端側にできている輪の中に、穂先のメタルトップ（またはリリアン）を差し入れ、ミチイトの本線側をゆっくりと引っ張る。

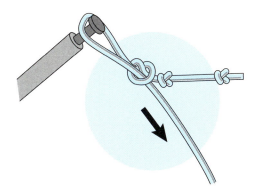

6 本線を引き締めつつ、コブの位置で結び目が止まるようにすればセット完了。外すときは、ライン先端のコブをつまんで引っ張ればOKだ。

外すときはここを引っ張る

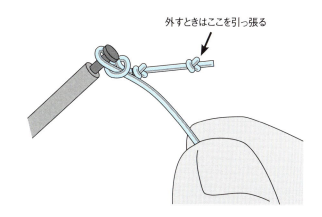

17　アドバイス　この結びは「コブ結び」とも呼ばれ、接続具などを脱着したい場合にも活用される（49ページ）。

ダブルユニノット

ユニノットを2重の輪にしてセットすれば、スプールとの空回りを防げる

1 ライン先端を20cmほど折り返してユニノットを結び、輪の部分を折り返して二重にする。滑りやすいPEラインの場合は、端イトの先端に8の字結びで小さなコブを作っておくとよい。このコブが結び目を引き絞ったときのストッパーになるわけだ。

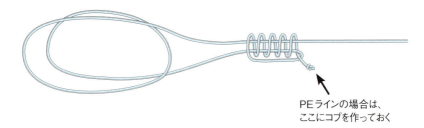

PEラインの場合は、ここにコブを作っておく

2 リールのベイルを返した状態にして、二重の輪をスプールに通す。PEラインの場合は、3〜4重の輪にすると滑りにくくなる。

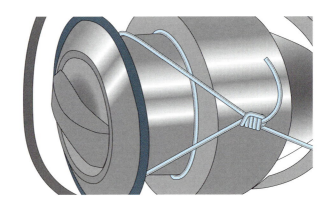

3 本線をゆっくり引き締め、結び部分がスプール面の端に接触すれば成功。PEラインの場合は、**1**で作った結びコブがスプールに接触するまで強めに引っ張ればよい。余分の端イトをカットして完了。

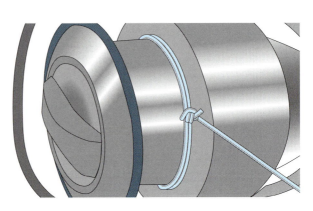

リールとミチイトの結び

リールにラインを巻く場合、ラインはユニノット（24ページ）でスプールに結ぶのが一般的。このとき、ユニノットのループ部分を2重（PEの場合は3〜4重）にすると滑りにくくなり、空回りを防げる。

4 リールを竿にセットし、ラインのボビンを竿に向けた状態で巻くとラインがヨレにくくなる。また、摩擦熱を防ぐために濡れタオルで竿とラインを挟んで、片手で持ちながらテンションをかけて巻くとよい。なお、竿のガイドにラインを通さないほうが、摩擦熱が発生しにくい。

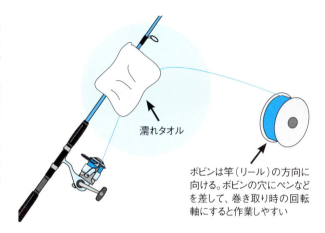

濡れタオル

ボビンは竿（リール）の方向に向ける。ボビンの穴にペンなどを差して、巻き取り時の回転軸にすると作業しやすい

5 ラインはスプールのエッジぎりぎりより、若干少な目に巻くのが基本。巻き過ぎはライントラブルの原因になる。また、PEラインはしっかりとテンションをかけて巻かないと、キャスト時に絡まるなどのトラブルが発生しやすいので注意。

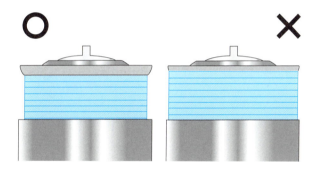

6 両軸リールの場合は、レベルワインダーにラインを通してスプールにセロテープで仮留め。スプールを2〜4回転させてラインを巻き付けたら、テープをはがして端イトを本線にユニノットなどで結べばよい。あとの作業は、**2**以降と同様だ。

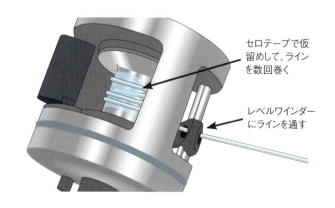

セロテープで仮留めして、ラインを数回巻く

レベルワインダーにラインを通す

アドバイス　PEラインの場合、空回りを防ぐために同程度の太さのナイロンラインを下巻きしてジョイントする方法もある。

クリンチノット

まず最初に覚えてみたい、接続具やルアーとのラインの結び方

1. 利き手の反対の手（ここでは左手）で持った接続具の環にライン先端を通し、7〜10cm折り返して1cm径ほどの小さなループを作る。さらに、右手でつまんでいた端イトを左手の中指と薬指に持ち替えて本線に1回まわし、再び右手の指に持ち替える。

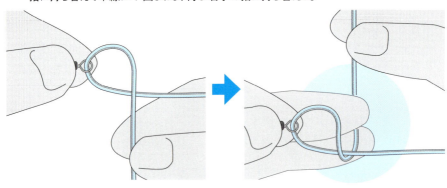

2. 1を繰り返して、ライン本線に端イトを5回巻き付ける。なお、ライン本線は右手の薬指や小指などでつまんで張った状態にしておくと作業しやすい。

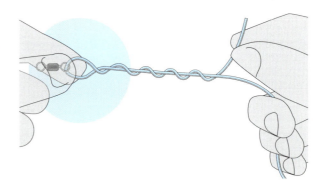

3. 小型の接続具を結ぶ場合は、このようにループの中に指先を入れてグルグルと回転させる方法もある。

接続具やルアーなどの結び

海釣りはもちろん、淡水の釣りでも幅広く使われている定番の結び方で、初心者にも簡単に結べることがメリットだ。とくに、比較的細いラインを接続具やルアーなどに結節するときにオススメ。

4 巻き付けが完了したら、**1**で作った最初の小さなループに端イトを通す。通す方向は、どちら側からでも強度に違いはない。

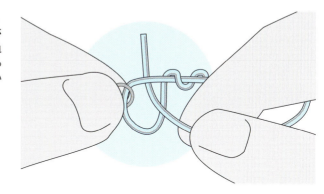

5 さらに端イトを折り返して、いまできた大きなループに通す。作業中は指先をうまく使って、巻き付け部分が緩まないように軽く押さえておくのがコツ。

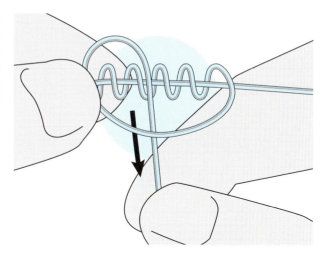

6 巻き付けたラインが重ならないようにしながら、ゆっくりと締め込んでいく。最後に余分な端イトをカットして完成!

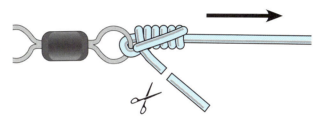

アドバイス 結び目に負担の掛からない小物釣りの場合、**5**の工程を省略する方法もある。

ダブルクリンチノット

ほんのわずかな手間で、クリンチノットの強度が飛躍的にアップ！

1 サルカンやルアーなどの接続具にラインを通し、さらに折り返して、もう一度通す。このとき、端イトの長さは10cmほど、ループの大きさは1cm径ほどにするとよい。

2 ループ部分が緩まないように接続具と一緒に指先でつまんだ状態で、端イトを20ページと同様の要領で本線に絡めていく。

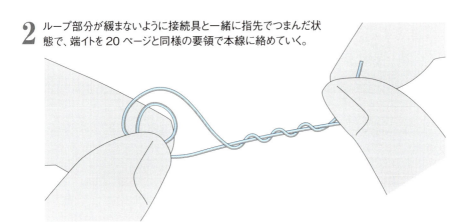

3 5回絡めたら、最初に作った二重ループの中に端イトを通す。

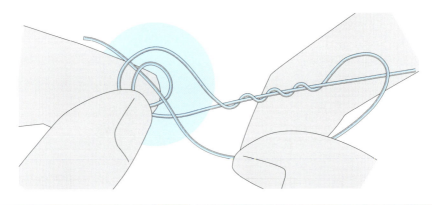

接続具やルアーなどの結び

アドバイス　接続具をPEラインと直結する場合は、1でさらにもうひとつ輪を作る「トリプルクリンチノット」も有効だ。

太いラインを結ぶと強度にムラが出るのが、クリンチノットの弱点。それを補うために考案されたのが、最初にラインを接続具に2回通す方法。これだけで、データ上でも強度は大きくアップするのだ。

4 少しずつ端イトを引き絞り、さらに本線をゆっくりと引っ張って結び目を締めつけていく。21ページの5のように大きなループに端イトを入れる方法もあるが、強度的には省略しても問題ない。

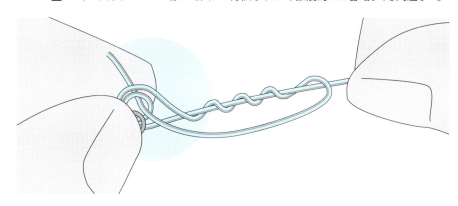

5 本線、端イトともにしっかりと引き締め、余分の端イトをカットして完成。

＊20ページとまったく同じ結び方をラインの先端を折り返して2本一緒に結んだタイプも「ダブルクリンチノット」の名称で呼ばれている。太めのラインだと結びにくいのが難点だが、強度は確実に高くなる。

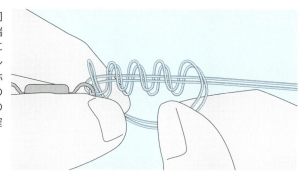

ユニノット

数多くの結び方の基本となる、応用範囲の広い結節方法

1 接続具の環にライン先端を通し、10〜15cmほど折り返す。さらに、ラインの先端を再び折り返して、ループを作りながら接続具の近くで2本のラインを束ねるように交差させる。

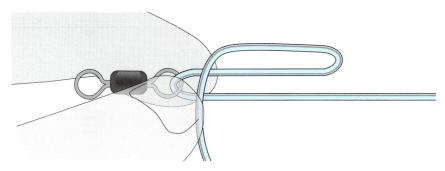

2 いま作った2本のラインを束ねながら、ラインの先端をループにくぐらせていく。このときラインが緩むと作業がしにくいので、くぐらせた部分を1回ごとに軽く押さえて作業するのがコツ。

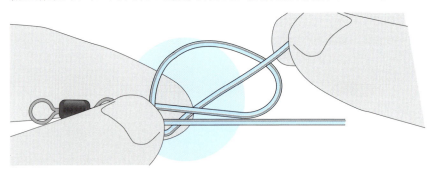

3 さらに4〜5回をループにくぐらせていく。ラインが緩まないように注意。

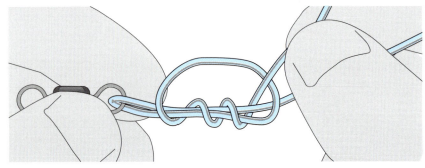

接続具やルアーなどの結び

アドバイス　2の作業では、20ページの1のように左手の中指と薬指でサポートすると簡単にできる。

あらゆる結び方のなかでもっとも基本的で、さまざまな状況での応用が利く、まずはマスターしておきたい最重要な結び。接続具やルアーの結節のほか、リールとラインとの結びなど出番は数多い。

4 ラインの先端を引いて、結び目を軽く引き締める。

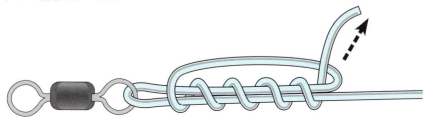

5 本線側を引いて、接続具の環のすぐそばまで結び目を移動させていく。ラインを滑らせる距離が長いので、摩擦熱が発生しないように唾液などで湿らせてからゆっくり引き締めていくとよい。

6 そして再度、ラインの先端と本線側をしっかりと引いて締め込み、最後に端イトの余分をカットすれば完成。

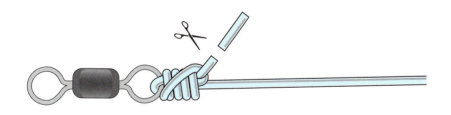

8の字結び（エイトノット）

素早く、強く、簡単に結べる、ビギナー向きのシンプルな結び

1. ライン先端を10cmほど折り返し、さらに2本束ねた状態で直径3cmほどの小さなループを作る。交点が緩まないように利き手の反対側の指でつまんでおき、ループの中に向こう側から利き手の人差し指を入れて半回転ひねる。14ページのチチワ結びと同じ要領だ。

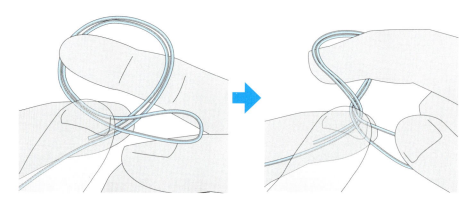

2. 半回転させたループのテンションを保ったまま、先端の折り返し部分を人差し指ですくい取るようにループにくぐらせる。そのままゆっくり引っ張れば「8の字」の形になる。

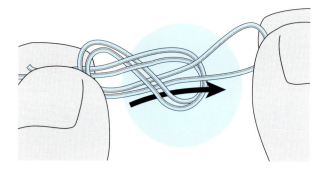

3. ループの大きさが2〜3cmになるように、ループ側と本線、端イト部分を一緒に引き締める。最後は余分の端イトをカットする。

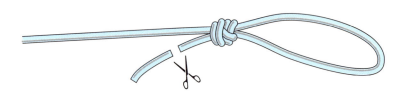

接続具やルアーなどの結び

アドバイス　別名は「エイトノット」。さらに強度を高めるには、「トリプルエイトノット」（80ページ）で結んでみたい。

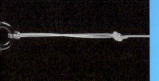

とても簡単な結び方だが、見た目以上に安定した強度を発揮してくれる。とくに表面が均一に仕上げられている最近のナイロンラインの場合、データ上ではクリンチノットやユニノットにも負けない強さとなる。

4 ループを接続具にセットするときは、ループ先端を接続具の環に通し、さらにループの中に接続具をくぐらせて本線を引き締めればOK。

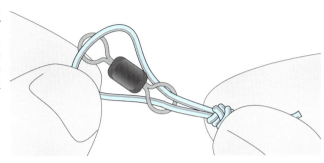

5 じつに簡単な方法だが、強度的にはかなり信頼できる結び方だ。

＊小さなループ（チチワ）を作る場合は、専用ツール（51ページ**4**）を使うと便利。最初に作ったループをツール先端でねじり、カギ状の部分で先端を引っ張りながらループの大きさを調整すればよい。

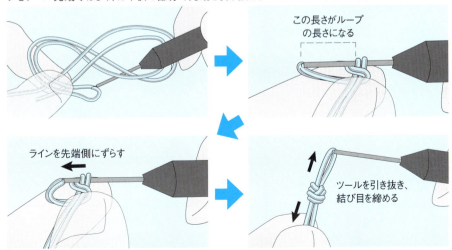

編み付け結び

結びの補強にも、そして単独で使っても威力を発揮！

1. ラインの先端を15〜20cmほど折り返し、27ページの要領で接続具の環やルアーのスプリットリングなどに仮留めする。

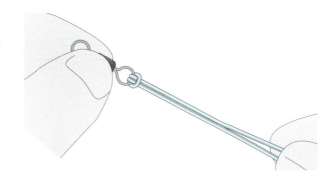

2. ライン先端を本線の下側からまわし、いまできた輪の中に通して締め込む。つねにライン本線を張り気味にしておくと作業しやすい。

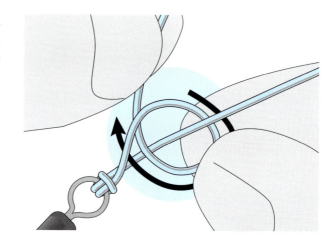

3. 続いて、今度は逆にライン先端を本線の上側からまわし、できた輪の中に下から通して締め込む。締め込みは、一回一回を確実に行うことが大切。

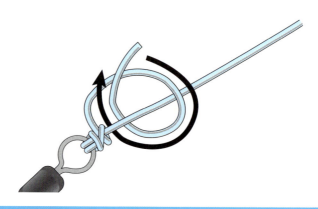

接続具やルアーなどの結び

端イトをラインの本線に巻き付けるように留め結び（＝ハーフヒッチ）を繰り返して、強度を高めているのが特徴の結び。ナイロンやフロロカーボンはもちろん、PEラインを直結する場合にも重宝する。

4 上下を交互に編み付けても一方向だけに編み付けても、強度的な違いはないようだ。

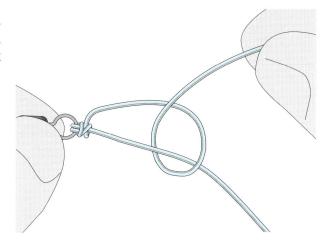

5 どちらの方法にしても、編み付けが均一になるように引き締めていくのがコツ。編み付けの回数はラインの太さにもよるが、7～10回が目安となる。

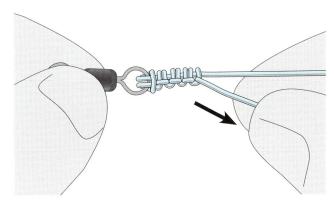

6 最後も端イトをしっかりと引き締め、余分をカットして完成。

スイベルノット

ラインの潰れが少なく、100%近い強度を発揮してくれる

1. ラインの先端を10cmほど折り返して接続具の環に5〜7cmくぐらせ、折り返したループを手前、接続具を向こう側にした状態で持つ。最初は、この位置関係を間違えやすいので注意。

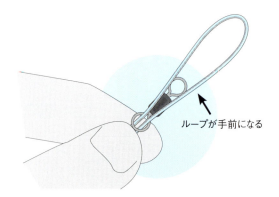

ループが手前になる

2. 接続具を持った手の反対の手の人差し指をループの向こう側から中に入れる。さらに、人差し指を反転してループを1回クロスさせ、接続具の上からくぐらせる。

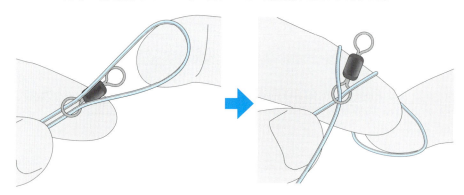

3. 人差し指を入れた状態で、ループを接続具の横から手前に戻し、もう一度ループをクロスさせて接続具にくぐらせる。要するに、ループの部分を接続具に巻き付けていくわけだ。慣れれば、とても簡単な作業。

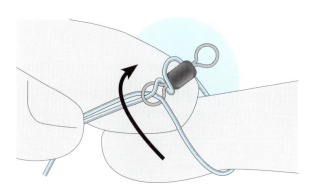

接続具やルアーなどの結び

ラインが潰れる結び方は、強度が落ちやすい。その点、この結びはラインを接続具に絡めることで結節するので強度が低下しにくい。慣れれば10秒ほどで結べるため、常用結びの候補にしてもいいだろう。

4 同じ要領で、もう1回ループをくぐらせる。接続具がグラグラしないように、軽く指先で押さえながら作業するとよい。

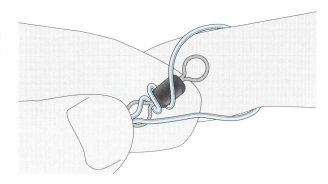

5 最後にくぐらせたループを下側から本線に添わせ、接続具をじわじわと引っ張っていく。

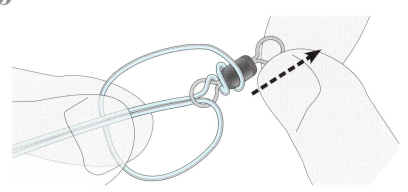

6 さらに、端イトも一緒に引っ張ってやると、接続具に巻き付いていたループが一度ほぐれて、徐々に本線側に移動する。最後に本線を引き締め、余分をカット。

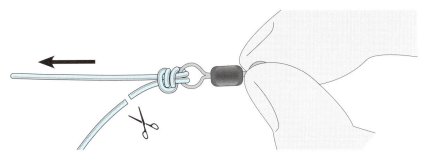

アドバイス　後半は、結び目がスムーズに移動するように指先で整えながら作業するとよい。

深海結び

慣れれば数秒で結べる、簡単な結びながら強度も安心！

1 ライン先端を接続具に通し、10cmほど折り返して端イトを本線の上側で交差させて輪を作る。

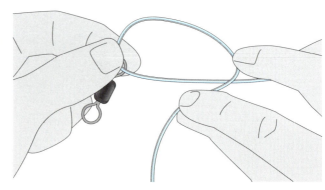

2 端イトを輪の下側から上側に通す。

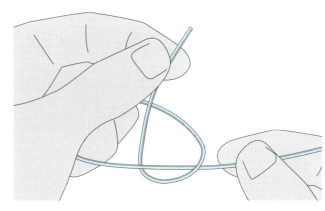

3 端イトと本線の交差部を押さえつつ、接続具を持った指でラインを押さえながら手前側に1回ひねる。

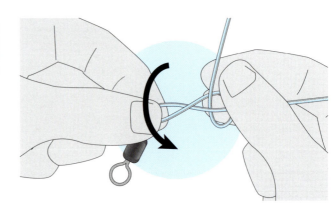

アドバイス ❸のひねりを逆にしてしまうと、うまく結べないので注意。

たくさんの枝ハリスをセットする深海釣りの胴付き仕掛けでは、わずか数秒で結節できるこの結びが便利。ハリスの長さを一定にしやすく、端イトの無駄も少ないことから、堤防や磯での釣りでも応用できる。

4 接続具側の輪の中に端イトの先端を下から通す。

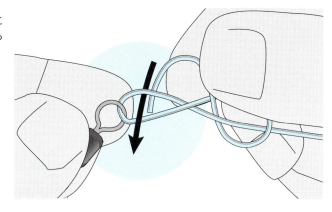

5 輪から出てきた端イトを接続具を持つ親指と人差し指でつまみ、そのまま本線を引いていく。

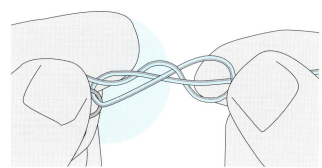

6 しっかりと締め付けて結び目が接続具側に密着したら、端イトをカットして完成。慣れてくれば、端イトを極力短くすることで、最後のカットを省ける。

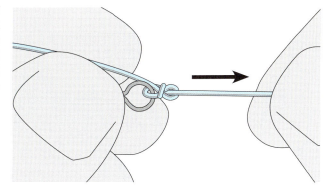

移動結び

接続具以外の結びにも応用がきく、覚えておきたい万能結び

1. ラインの先端を接続具の環に通し、端イトを10cmほど折り返して本線の向こう側に交差させる。

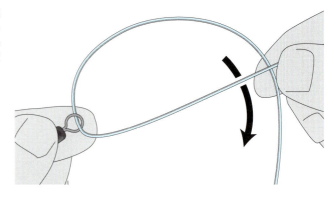

2. 接続具をつまんだ状態で、端イトを手前上から本線に絡ませて輪を作る。

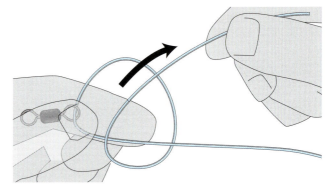

3. さらにもう一度、端イトを本線に絡ませて輪を作る。1回輪を作るごとに、接続具を持つ手の指で本線との交点を押さえながら作業するとよい。

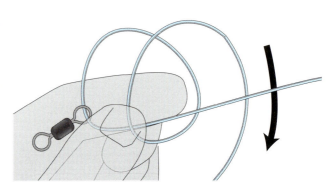

接続具やルアーなどの結び

アドバイス　この結びでは、ラインを絡める上下関係を間違わないように注意。

簡単で強度もある結び方としてポピュラー。結び目がラインの本線上をスライドしながら締まるため、本線の強度を損ないにくいのが特徴だ。接続具の結びのほか、電車結びなどに応用できる万能さも魅力。

4 ふたつの輪を作ったら、端イトを輪の向こう側から手前に抜く。

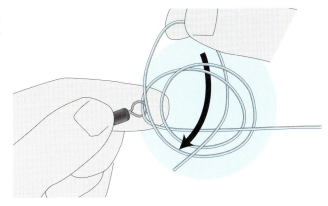

5 端イトを引っ張って、徐々に引き締めていく。ある程度結び目が締まったら、今度は本線を持って再度じわじわと締め込んでいく。

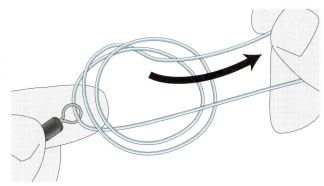

6 本線を引くことで、結び目が接続具の環に移動していく。最後に端イトと本線をそれぞれしっかりと引き締め、余分の端イトをカットして完成。

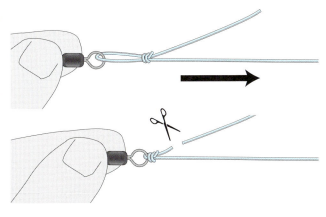

パロマーノット

一重結びをアレンジしただけのシンプル、かつ強靭な結び

1 接続具の環やルアーのラインアイの中に、2重に折り返したラインを通す。ラインを折り返す長さは、結び付ける相手の大きさに合わせて10～20cmを目安とする。

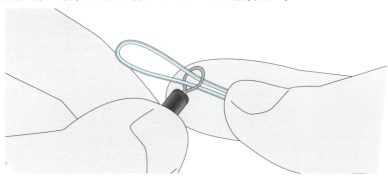

2 2重のラインを緩めの一重結びにしてループを作る。

3 ダブルに折り返したラインの先端側を広げて、その中に結ぶ相手をくぐらせる。

接続具やルアーなどの結び

普通の一重結びをアレンジした簡単な結節方法なので、誰が結んでも安定した強度を発揮する。ただし、接続具の場合は両端に結節することができないため、主にルアーの結びで採用されることが多い。

4 くぐらせたループを一重結びの部分を包むように本線側に持っていく。

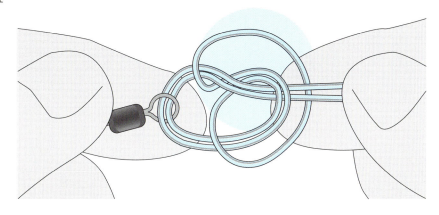

5 本線と端イトを一緒に引いてゆっくり締めていく。

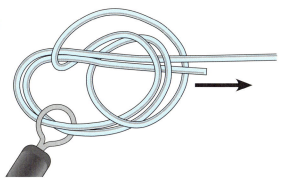

6 最後に結び目をしっかりと締め込み、余分な端イトをカットして完成。慣れてくれば、あっという間の作業だ。

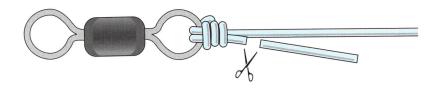

アドバイス この結び方でも、接続具の環に二重に通したラインが雑に折り重ならないように注意したい。

漁師結び

簡単に結べて、スッポ抜けが少ない。大物狙いにも対応可能

1. 接続具の中にラインの先端を20cmほど通し、さらに同じ方向からもう一度通してループを作る。

2. ループがあまり小さいと作業しにくいので、直径3〜4cm程度はあったほうがよい。

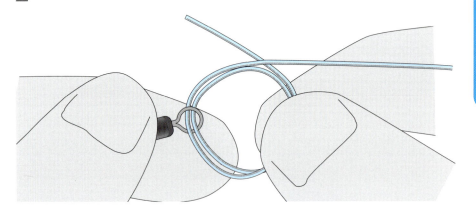

3. メインラインの向こう側にライン先端を持っていき、ループに巻き付ける。ループ部分がくずれないように、左手の指で接続具とくぐらせたラインの部分をつまみながら作業するとよい。

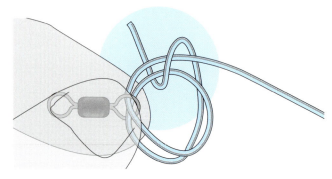

アドバイス　別名「ジャンスィックスペシャル」と呼ばれ、ルアーフィッシングでも多用されている。

プロの漁師が長年の経験から編み出した結び方で、シンプルながらも優れた強度を誇る。強さが求められるイシダイなどの大物釣り、瞬発的な力がかかりやすいジギングなどにも適した結び方といえる。

4 人によっては③の手順で、手前上側からラインを巻き付けていくほうがやりやすいかもしれない。どちらの方法でもOKなので、両方試してみてやりやすい方法を見つけよう。

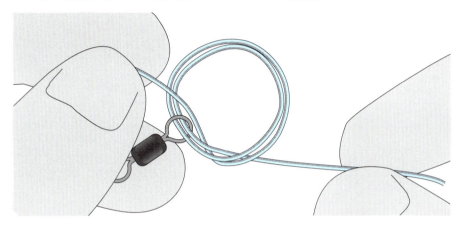

5 ループにライン先端をもう一度からめてから、本線側とライン先端側の両方を引いて、徐々に締めていく。このとき、できるだけライン先端側を引くとメインラインがヨレにくい。

6 結び目で締め込んだライン同士が交差していなければ成功。余分な端イトをカットして完成だ。

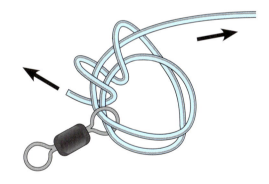

ハングマンズノット

ルアーフィッシングで人気の高い、強度抜群の安心結び

1. ラインの先端をルアーのラインアイに通し、20～30cmほど折り返す。

2. ルアーから10～15cmの位置で本線とライン先端を束ねて親指と人差し指でつまみ、ルアーをぶら下げる。ルアーの重さでラインを張ると、以降の作業がやりやすくなる。

3. ルアーをぶら下げた状態のまま、反対側の手でライン先端を持ち、折り重ねた2本のラインを束ねるようにして巻き付けを開始する。

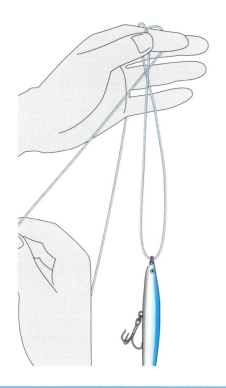

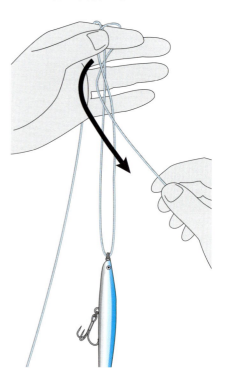

接続具やルアーなどの結び

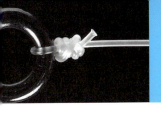

もともと、バス釣りなどのルアーフィッシングでよく使われてきた結び方で、優れた強度を発揮してくれる。この結び方に慣れてくると手元を見なくても作業できるため、夜釣りでも確実に結ぶことが可能だ。

4 このように左手は固定したままで、右手だけでグルグルと回していくような要領でラインを絡めていくとよい。慣れてきたら、ぶら下げているルアーを軽く振り子状態にして、その反動をうまく利用すると、よりスピーディな巻き付けが可能になる。

5 巻き付け回数は、4〜5回が目安。巻き付けが終わったら、左手の人差し指でできている小さなループの中に、ラインの先端をくぐらせる。

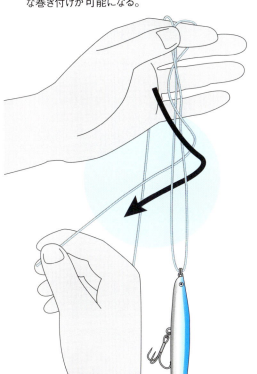
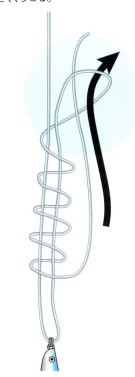

6 さらに、ラインの先端を引っ張って結び目を軽く締め、最後に本線を締めていく。ここでクルッ!と結び目がひっくり返れば成功。あらためて端イトを引き締めてから、余分をカットして完成だ。

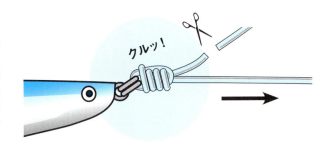

完全結び

プロの漁師も愛用！ 結びの最後の締め付けが重要だ

1 ライン先端を15〜20cmほど折り返し、接続具の環に通す。

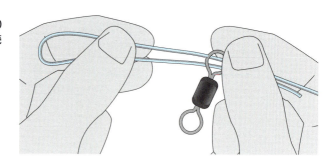

2 ラインの折り返し部分と本線側を利き手の小指に掛けて保持し、反対の手の親指と人差し指で接続具をつまむ。この時点で、端イトの長さが6〜7cm以上あれば作業しやすい。

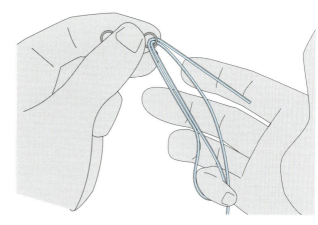

3 折り返しの2本と本線の計3本のラインに対し、端イトを4回巻き付けていく。1回1回、接続具を持つ指で巻き付け部分を押さえながら作業するとよい。この巻き付けをていねいに行うことが、成功へのカギを握る。

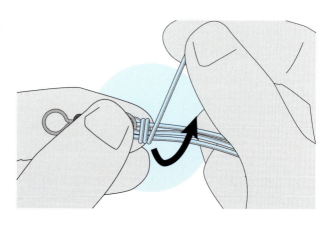

接続具やルアーなどの結び

接続具の環にラインを二重にかけることで、優れた強度を発揮する。また、ラインの本線も端イトも結び目の巻き付け部分の中に隠れることから、魚の歯などでラインが傷ついても破断しにくいメリットもある。

4 巻き付け部分が緩まないようにつまんだ状態でラインの本線側を引っ張り、折り返しでできている輪を小さく縮めていく。

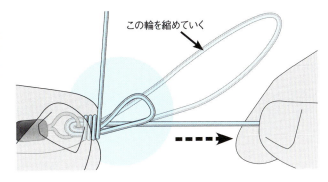

この輪を縮めていく

5 輪が直径2〜3cmになったら、その中に端イトを通す。このときも、巻き付け部分が緩まないように注意。

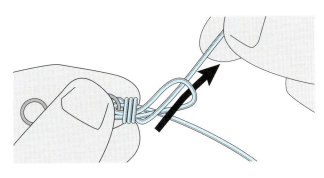

6 本線をジワジワと引いて結び目を80％ほどの力で締めてから、端イトを軽く引いて結び目を整える。この時点では、まだ輪の部分が結び目の本線側にあることに注目。

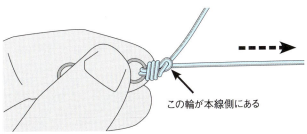

この輪が本線側にある

7 さらに力を込めて本線を引っ張り、さきほどの輪が瞬間的に結び目の中を通って接続具側に移動すれば成功。あとは端イトを締め付け、余分をカットして完成だ。

プン！

輪が接続具側に移動する

アドバイス ❻で、先に端イトのほうを強く引っ張ってしまうと、輪がうまく移動できないので注意！

フリーノット

ルアー本来の動きを損なわない「フリーノット」の簡易バージョン

1. ラインの先端から7〜10cmの位置に留め結びを作り（ループを締めずに緩くしておく）、ライン先端側をルアーのラインアイに通す。

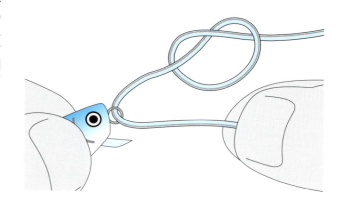

2. ライン先端を最初に作った留め結びの中を通し、軽く引き締める。留め結びの本線と同じ側にライン先端を通すのがコツ。

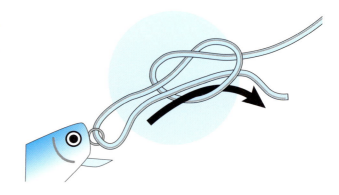

3. 端イトを引っ張り、留め結びをラインアイの近くまで引き寄せておく。

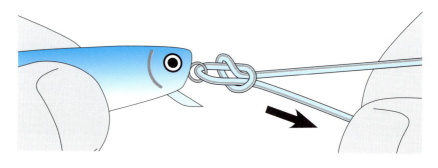

接続具やルアーなどの結び

アドバイス　別名は「ホーマーロードループ」と呼ばれ、フリーノットの仲間ではもっともシンプルな結び方だ。

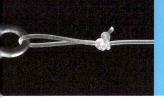

ルアーにラインを直結する場合、結び目をループ状にしておくとルアーの動きを損ないにくくなる。フリーノットはその代表的な結び方だが、細いラインでは切れやすいため、比較的太めのラインで用いたい。

4 さらに、ライン先端部で本線を一緒に巻き込みながら留め結びを作る。

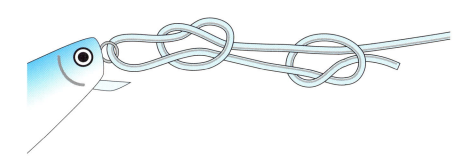

5 本線とライン先端をゆっくり強く引き、結び目が締まったら再び本線側をしっかりと引き締めていく。

6 最初の留め結びとふたつめの留め結びがドッキングして、ラインアイにループが残ったまま固定される。最終的なループのサイズは、長さ1〜2cmほどが目安になる。

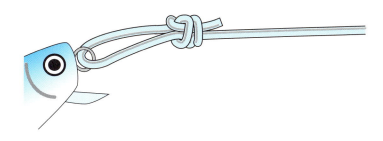

ハリソンズループ

細いラインにも向き、強度も優れる安心のフリーノット

1. ライン先端から10cmくらいのところに、留め結びを緩めに作り、ルアーのラインアイに通して折り返す。

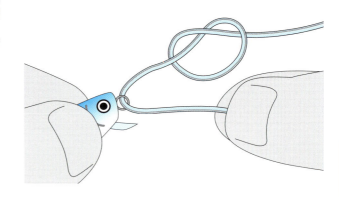

2. １で作った留め結びのループの中に、ラインの先端を通す。ここまでの手順は、44ページのフリーノットとまったく同じ。

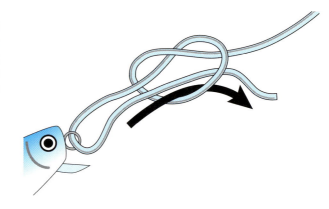

3. 通したラインを本線に絡めていく。ルアーと本線を手で押さえて、軽く張りながら絡めていくとやりやすい。絡ませる回数は4〜5回程度。

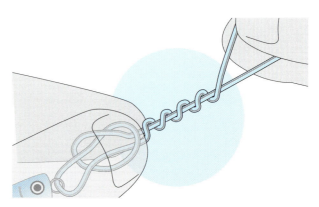

接続具やルアーなどの結び

このフリーノットは、比較的細いラインでも使用できるのが大きなメリット。また、ループ部分が魚とのファイト中にズレることもないので、ライン同士の摩擦による劣化も少なくてすむ。

4 ライン先端を折り返して、留め結びの中に再び通す。このとき、最初に本線と折り返したラインが出ている方向から通すことがポイント。上下関係が逆になると、多少、強度が落ちる。

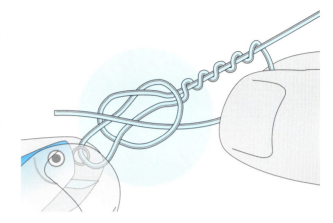

5 ライン先端と本線を持って、徐々に引き締めていく。ある程度結び目が締まったら、ルアーと本線を持って再度じわじわと力を入れて締め込んでいく。

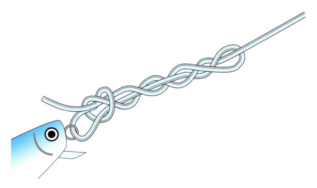

6 ラインを引き締めるとラインアイの部分にループができて、結び目がしっかり固定される。余分の端イトを切って完成。最終的なループのサイズは、長さ1cm程度が目安。

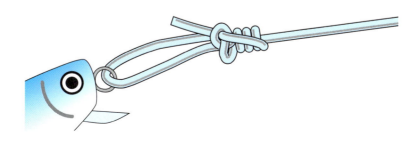

アドバイス　このノットの場合、太いラインを使うときにはラインが変形するくらい強く締め込むと強度がアップする。

スッテや弓ヅノの結び

擬餌バリにラインを確実に結ぶための応用テクニック

【タイラバ、ひとつテンヤなど ➡ ループトゥループ】

リーダー（ハリス）との結節部がループ状になっているタイプのタイラバやひとつテンヤの場合、ループトゥループ（90ページ）で結節すると、仕掛けの交換が簡単。ループは長めにしておくことで、オモリの遊動幅も長くなる。

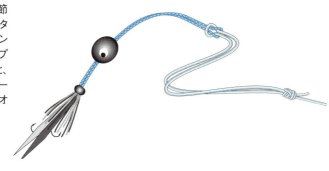

【カブラ ➡ 8の字結び】

カブラバリのヘッド部にある結び穴にハリスをハリ先側から通し、8の字結びでコブを作る。端イトを1〜2mm残してカットすれば完成。ハリスが結び穴の中で遊動することで、ヨレるのを防止できる。

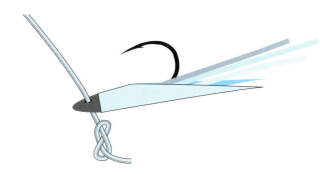

【弓ヅノ ➡ トリプルエイトノット】

弓ヅノをハリスに結節する方法は、ボディ内側（ハリ先がある側）から結び穴にハリスを通し、先端にトリプルエイトノット（80ページ）を作ってしっかり引っ張るだけ。余分の端イトをカットしたら完成だ。細めのラインを使うときは、イラストのように先端を二重にしてから結べば、スッポ抜けを防げる。

擬餌バリにハリス（リーダー）を結ぶときは、用途に応じた方法を採用し、できるだけ簡単に交換できるようにしたい。ここでは、タイラバやひとつテンヤ、弓ヅノ、スッテなどの結節方法を見てみよう。

【プラヅノ、スッテなど ➡ 深海結び】

船のイカ釣りで使用する胴付き仕掛けでは、できるだけ簡単に結べて強度も安心の「深海結び（32ページ）」でプラヅノやスッテを結節するのが一般的だ。ハリスと幹イトとの結節にも深海結びを採用すれば、すべての枝ハリスを決まった長さで調整しやすいこともメリット。

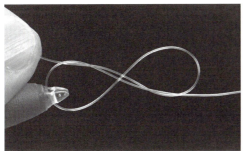
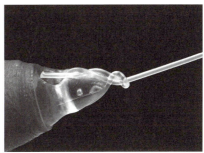

【プラヅノの直結 ➡ コブ結び】

直結仕掛けにする場合は、投げ縄結び＝コブ結びにすると脱着が簡単になる。❶ハリスの先端に8の字結びでコブを作ってから、軽く一重結び。❷ハリス本線側を一重結びの輪に通す。❸カンナのハリに均等になるようバランスよく輪を掛ける。❹本線をゆっくり締め込んで完成。

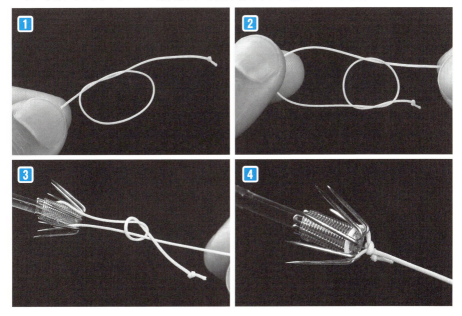

アドバイス　プラヅノやスッテは、移動結び（34ページ）で結節してもよい。

あると便利な結びの「ツール」

使いやすいツールこそが、確実な結びを保証してくれる

ラインの結びを確実に行うためには、しっかりサポートしてくれる道具を用意しておきたい。

結びの作業でもっともよく使うツールが、ラインを切るための「ハサミ」。これは釣具店で入手できる釣りイト専用のハサミやクリッパーなどが使いやすい。海釣りではPEラインも常用するので、PE専用タイプも用意できれば快適に作業できる。また、ラインの結び目をしっかりと締め付けるにきゃリーダーのような太いラインを切るには、「プライヤー」が必須だ。なくてもいいが、あると絶対に便利なのが「ハリ結び器」。ハリス付きのハリを量産するとき、薄暗い中でハリを結ぶときにはとても助かる。使い方は、78ページを参考に。

ほか、PEラインとリーダーを結ぶときの締め具やライター、ワセリンなどもあると便利。

1 ハサミ各種

仕掛け作りの道具で、一番使用頻度の高いのが「ハサミ」。釣り場で使うには小型軽量タイプが便利で、切れ味の鋭いラインカット専用品なら作業も快適になる。PEラインを使うなら、PE専用のハサミも常備しておきたい。

2 プライヤー

強い結びを作るためには、結びの最後で端イトや接続具、ハリなどをつかんでしっかり締め込むことが大切。細イトの場合は手だけでも締め込めるが、太いラインではプライヤーやフィッシングペンチを使うのが確実だ。強力な刃が付いているので、太めのラインをカットするときにも便利。

6 ライター

カットしたPEラインやリーダーなどの断面を焼くことで、ほつれを防いだり、鋭利な断面を丸くしてラインを傷つけるのを防いでくれる。屋外で使うときは、風に強いターボタイプが便利。

3 締め具

PEラインの摩擦系の結びでは、最後の締め込みで締め具があると便利。写真はラインを巻き付けて引き締めるタイプで、アルミチューブにラバーが張ってある。ほかに、手袋でも代用可能だ。

7 ハリ結び器

ハリの結びを量産する場合、あるいは老眼などで小さなハリを結ぶのが困難なとき、専用のハリ結び器があると重宝する。手動タイプもあるが、電動タイプなら作業は断然ラクだ。

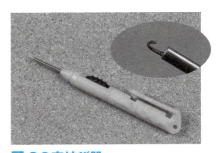

4 8の字結び器

8の字結びで小さなチチワを作るときに便利なのが、専用の結び器。金属チューブの先端に、カギ状になっているニードルが内蔵されており、そこにラインを引っ掛けられるようになっている。

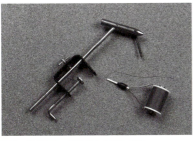

8 バイス、ボビンホルダー

アシストフックを根巻きイトで作る場合（74ページ）、ハリを固定するための毛針巻き用のバイスとボビンホルダーがあると便利。バイスは、2,000円ほどの簡易的なもので十分に活躍してくれる。

5 ワセリン

太めのラインや摩擦系の結びの最後の締め込みでは、薬局で売られているワセリンを潤滑剤として使う方法もある。少量を指先に取り、体温で結び目に溶かし込むように塗るとよい。

内掛け結び（1）

ハリにハリスを結ぶための定番結び。まず、最初に覚えておこう！

1. 利き手の反対の手でハリを持ち、ハリ軸のフトコロ側（内側）にハリスを添える。さらに、ハリス先端をチモト付近の向こう側から交差させ、直径3〜5cmのループを作る。端イトの長さは5〜7cmあればよい。ハリスの交点がズレないように、親指と人差し指でつまむ。

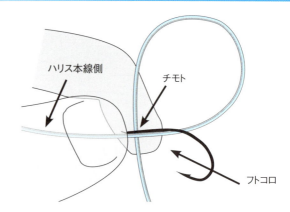

2. 利き手で端イトを上方向にまわし、ハリ軸に巻いた端イトがズレないようにハリを持った指で押さえつつ、利き手で端イトをループの向こう側からつまみ直す。

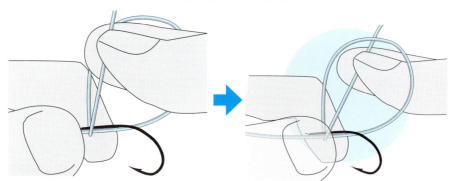

3. 端イトをハリ軸の向こう側から下方向へ巻く。この後、同じ作業を5〜6回繰り返していく。慣れないうちは、最初のループを多少大きめに作っておくと作業しやすい。

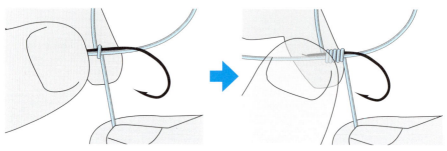

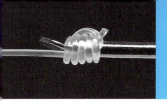

56ページの「外掛け結び」と並ぶ、もっとも基本的なハリの結び方。だれが結んでも強度が安定しており、擦れに対しては外掛け結びよりも強い。釣りのジャンルを問わず、最初に憶えておきたい結び方だ。

4 1回1回しっかりと巻き付けたら、利き手でハリスの本線側を引っ張っていくとループが小さくなっていく。利き手の反対の手は結び目が緩まないように押さえておく。

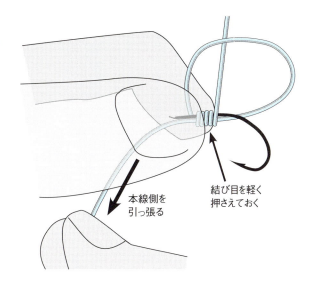

本線側を引っ張る

結び目を軽く押さえておく

5 ループを引き締め終えたら、本線と端イトを持って80%程度の力で引き締め、最後にハリとハリス本線を持って完全に引き締める。余分な端イトをカットして完成。

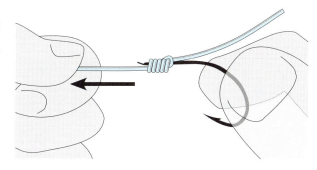

6 完成時に、ハリスの本線はチモトの内側になるのがポイント。外側にあると、ハリスがハリの耳に擦れやすくなる。また、魚がハリ掛かりしたときにハリが立ちにくく、バラシの要因にもなる。

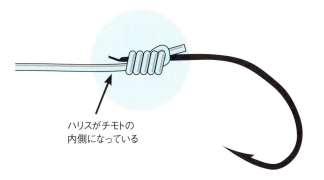

ハリスがチモトの内側になっている

アドバイス　太いラインでは、5でハリをプライヤーなどで保持しつつ、しっかりと締め付けると緩みにくくなる。

内掛け結び（2）

ビギナーでも簡単に作業できる、内掛け結びのアレンジ版

1. ハリを利き手の反対の手で持ち、必要な長さにカットしたハリスをハリ軸の内側に添える。端イトの長さは5cmほどでよい。さらに、ハリス本線の先端側から3cmほどの位置をハリのチモトに添えて大きめのループを作る。

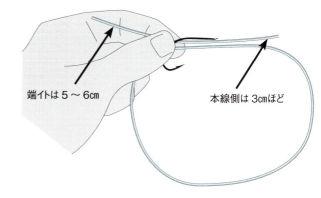

端イトは5〜6cm
本線側は3cmほど

2. ハリスとハリ軸がズレないようにしっかりつまみ、反対の手でループのチモト側のハリスをハリ軸とハリスに巻いていく。

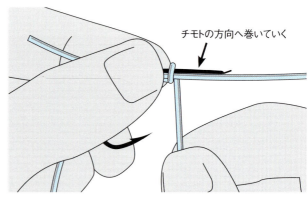

チモトの方向へ巻いていく

3. 巻く回数は5回が目安。結び目をハリを持つ手の中指で押さえながら作業するのが確実だが、慣れてくれば保持なしでグルグルと巻けるようになる。

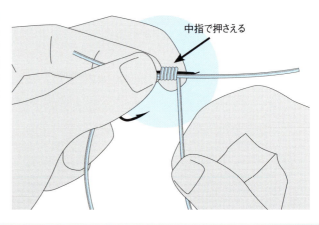

中指で押さえる

ハリの結び

アドバイス　1でハリスを切っておく必要があるため、ハリス上端が接続具にセットされている状態では結べないのが欠点。

52ページの一般的な内掛け結びでは、ループに対して1回1回端イトをくぐらせる作業が必要になる。それに対して、このアレンジ版では単にグルグルと巻き付けていくだけなので、初心者でも簡単だ。

4 巻き終えたら、本線側をゆっくりと引いてループを小さくしていく。

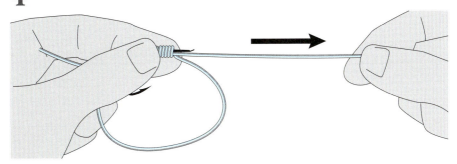

5 ある程度締まったら、本線と端イトをしっかり引いて結び目を締め込む。

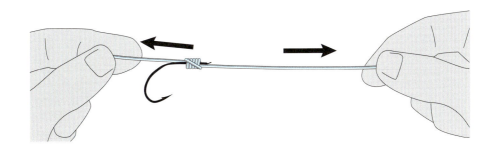

6 さらに、本線とハリを持ってしっかり引き締め、余分の端イトをカットして完成。ハリスの本線は、チモトの内側になるようにする。

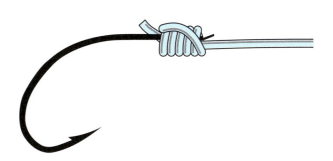

外掛け結び

内掛け結びよりもわかりやすい、ハリ結びの超定番

1. ハリ軸の内側にハリスを添わせ、ハリス先端をハリの向こう側から交差させて直径2cmほどのループを作る。端イトの長さは5〜7cm程度あればよい。

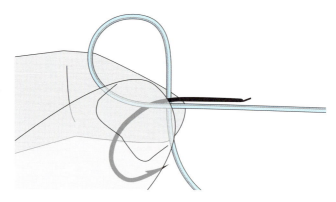

2. ハリス交点とハリをしっかり押さえた状態で、端イトをハリに巻いていく。釣り場での作業では竿先のテンションなどを利用して、ハリスを張り気味にするとよい。

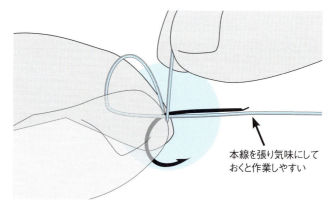

本線を張り気味にしておくと作業しやすい

ハリの結び

3. 1回巻くごとに、ハリを持つ手の親指と人差し指に端イトを挟み込んで押さえるのがコツ。大きめのハリを使う場合は、親指と中指で押さえてもよい。

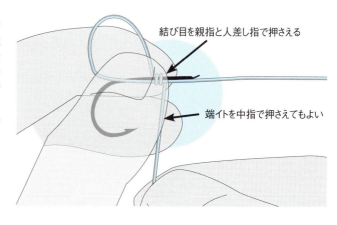

結び目を親指と人差し指で押さえる

端イトを中指で押さえてもよい

アドバイス　結び方に慣れてきたら、2では利き手の薬指や小指などで本線を張るとよい。

ハリの結び方といえば、昔からこの外掛け結びが定番だ。強度的には内掛け結びが有利としているベテランが多いものの、結びのわかりやすさやスピードに関しては、この外掛け結びのほうが上だ。

4 巻く回数は5～6回が基本。

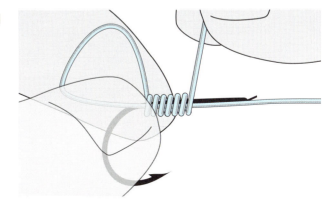

5 巻き付け部分が緩まないように押さえつつ、端イトを最初に作ったループの中にくぐらせる。

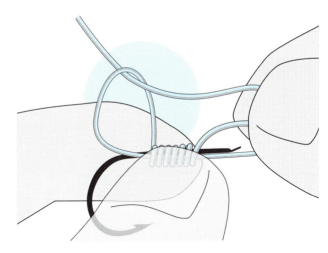

6 ハリス本線を引いてループを絞ったら、さらに端イト側も引っ張って確実に締め込む。余分の端イトをカットして完成だ。

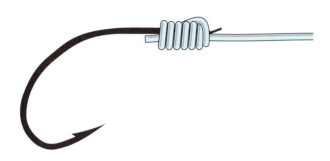

フィンガーノット

ナイロンの細イトでの強度に優れるハリの結び方

1. ハリ軸にハリスを添えてハリス先端で直径5〜6cmほどのループを作り、利き手の反対の手で持つ。端イトの長さは2〜3cm程度にしておくと、巻き付け時に邪魔にならない。

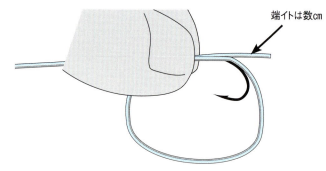

端イトは数cm

2. 利き手の人差し指と中指をループの手前から中に入れて、人差し指に掛かっているラインをハリ軸に巻き付けていく。

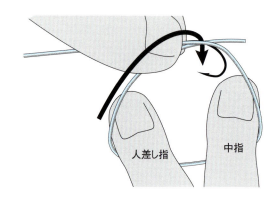

3. 人差し指が上側にきたら（イラスト左）、今度は手首を返して中指でハリスをハリ軸の向こう側に巻き付ける（同右）。作業中は人差し指と中指をVの字状態にして、つねにループにテンションを掛けておくのが最大のコツ。

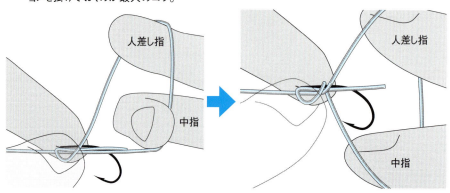

アドバイス 3の作業は少々わかりにくいかも知れないが、一度クリアできればあとは簡単だ。

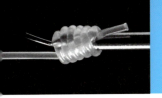

この結びは、ハリの結び方としては最強の部類で、とくに細いナイロンラインを使うときに有効とされる。人差し指と中指だけでリズミカルにハリスを巻けるため、慣れると外掛け結びよりもスピーディに結べる。

4 中指がハリ軸の下側にきたら、再度、人差し指にバトンタッチして手前から上にラインを巻き付ける。結果的に、これでループの中にハリと端イトを1回くぐらせたことになる。

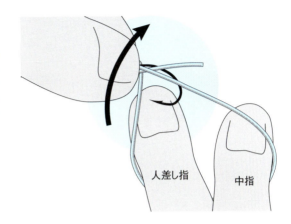

人差し指　中指

5 同じ要領で5～6回巻き付けたら、利き手の親指と中指で巻き付け部分をつまんで緩まないようにする。人差し指はループの中に入れたまま反対の手で本線を引き、ある程度までループが絞れたら人差し指を外して最後まで本線を引く。

本線を引っ張りながら、人差し指を抜くのがコツ

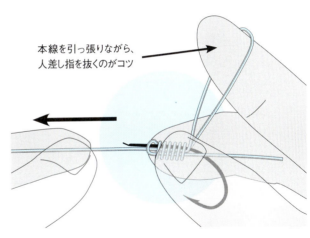

6 さらに端イトも引いて80％ぐらいの力で結んでから、最後にハリと本線を持って確実に引き締める。カットすべき端イトの長さが最小限で済むことも、この結びのメリット。

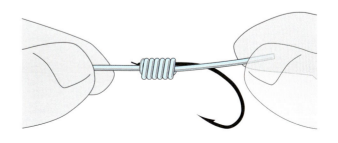

簡単結び

簡単で最速、かつ、誰が結んでも安定した強度を発揮する

1. ハリスの先端を7cmほど折り返し、さらにチチワ結び（15ページ）の要領で先端を折り返して小さなふたつのループを作る。

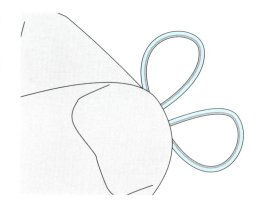

2. ふたつのループを折り重ね、その中にハリの軸を差し入れる。

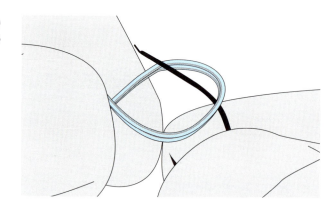

3. ハリスの本線と端イトを束ねてゆっくりと引き締め、ループを縮めていく。このとき、ハリスは必ずハリ軸の内側から出るようにすることが大切。

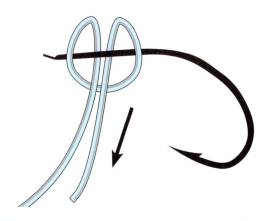

ハリの結び

アドバイス　この結びは「漁師結び」とも呼ばれる。端イトの無駄が少なく、実践向きの結び方だ。

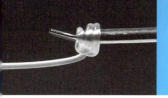

ラインの結びはシンプルなほど、誰が結んでも強度的なムラが少なくなる。その点、簡単結びの強度は見た目以上に優れている。しかも、断然速く結べるので、ハリを頻繁に交換する釣りではとても便利だ。

4 ハリ軸と端イトをそろえた状態で、ハリス本線をハリのフトコロ側から1回絡める。

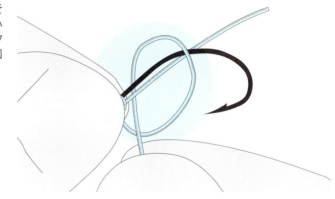

5 そのまま本線を引き絞っていく。

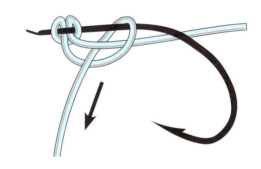

6 最後に端イトも締め付けて余分をカットすれば、あっという間に完成。

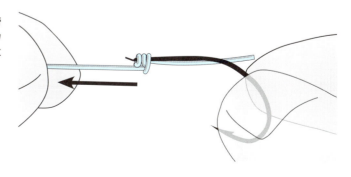

アドバイス 4で、本線と端イトを一緒に束ねて絡める方法もある。

スネルノット

細イトでも強度を発揮してくれる、スピーディな結び

1. 利き手の反対側の手でハリを持ち、そのハリの軸にハリスを添える。端イトの長さは、2cmほどが目安。あまり長いと、今後の作業がしにくくなる。

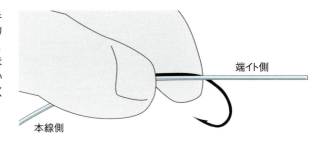

端イト側

本線側

2. 本線側のハリスで、ハリを持った手と同じぐらいの大きさのループを作り、ハリ軸の内側に添える。こちらのループは大きいほど作業しやすくなるが、同時に最後にカットする端イトが長くなることも考慮しておきたい。

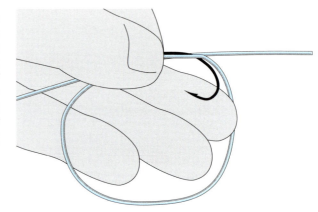

3. ループの端イト側を1回ハリ軸に巻き付けたら、続いてハリのチモト側に向かって密に巻き付けていく。

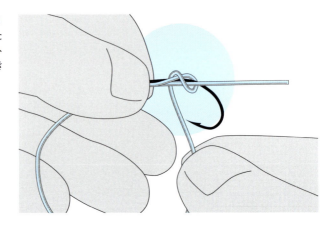

ハリの結び

アドバイス　慣れてきたら、2のループを小さくすることで最後の端イトのカットを短くできる。

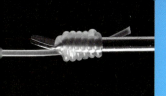

フィンガーノット（58ページ）と似ているが、結びの最後で端イト側のほうを引っ張って締め付けるのが特徴。このため、ハリス本線が縮れることがなく、とくに細イトを使ったときの強度が非常に安定している。

4 巻き付け回数は、5〜6回が目安。慣れれば、グルグルとスピーディに作業できる。

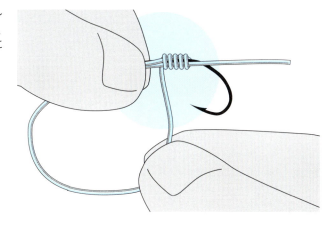

5 巻き付けが完了したら、巻き付け部分が緩まないように指で押さえながら、端イト側をゆっくりと引き締めていく。

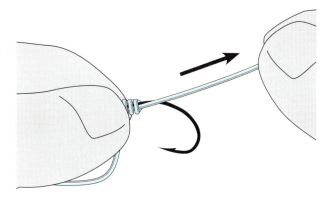

6 本線と端イトを確実に締め付け、端イトをカットして完成。最初から最後までハリス本線の長さがほとんど変わらないので、ハリス長が決められている仕掛け作りにもオススメの結びだ。

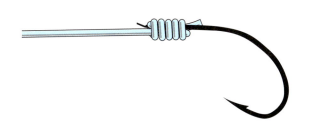

枕結び

外掛け結びなどに「枕」をはさむだけで、強度がアップ！

1. ハリスの先端を10cmほど余らせた状態でハリ軸の内側に添えて、さらに先端を折り返す。折り返す長さは6〜8cmが目安。

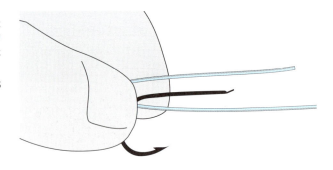

2. ハリスの本線とハリ軸がズレないように保持しながら、端イトをハリ軸にチモトの方向へ巻いていく。ここまでは、外掛け結び（56ページ）とまったく同じだ。

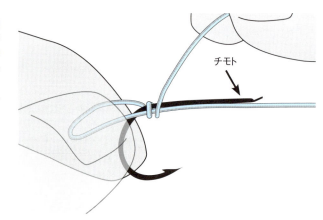

チモト

3. 端イトを2回巻いたら、今度はハリ軸だけに巻く。これが「枕」になる部分で、ここがクッションとなって強度がアップするわけだ。枕掛けの回数は1回で十分。

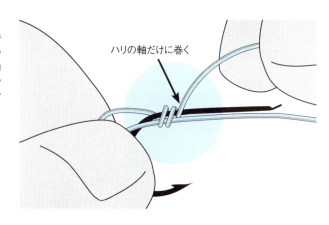

ハリの軸だけに巻く

ハリの結び

アドバイス　枕の位置はハリのチモト側に巻くのが一般的だが、ここで紹介している方法のほうが効果的だ。

ハリの結びの強度を高めたいときに、よく使われているのが「枕」を入れる方法。これは、ハリのチモト部分やハリ軸の中央にハリスを巻くことでショックアブソーバーの役目をさせるものだ。

4 続いて、さらにハリ軸とハリス本線を束ねた状態で端イトを巻いていく。回数は3〜4回でOK。

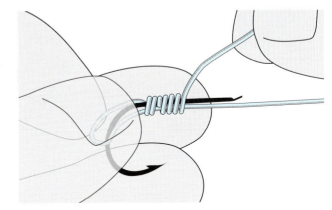

5 ハリを持ち替え、巻き終わった端イトを最初に作ったループにくぐらせ、ハリス本線をゆっくりと引き絞っていく。この要領も、外掛け結びと同様だ。

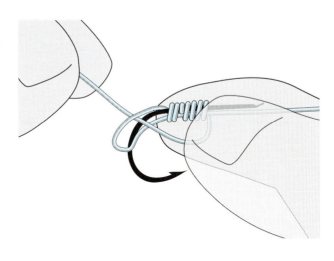

6 さらに、端イト側も引っ張って確実に締め込む。最後に余分の端イトをカットして完成。

南方延縄結び
外掛け結びとフィンガーノットの利点を活かした強靭な結び

1 ハリの軸にハリスを添え、その先端側で直径5cmほどのループを作ってハリ軸を挟むようにする。ハリスの交点は利き手の反対側の指で押さえる。端イトの長さは5～7cmが目安。

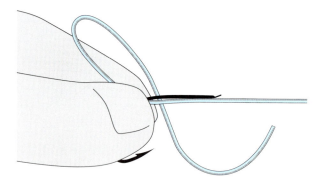

2 ハリ軸とハリス本線に端イトを3～4回巻き付ける。外掛け結び（56ページ）と同様の要領だ。

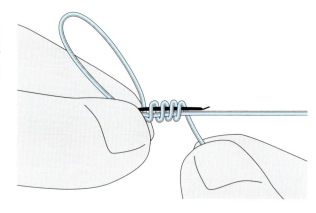

3 巻き付けが緩まないように注意しながらハリを利き手に持ち替え、端イトをループの中にくぐらせる。ループが小さくて作業しにくい場合は、ループの本線をゆっくりと引っ張って、輪を大きくするとよい。

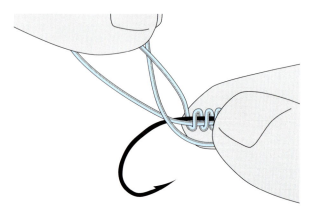

ハリの結び

外掛け結びとフィンガーノットの間に枕を入れたような形になっているため、ハリの結びとしては最強の部類に入る。とくに太ハリスで多用されるが、細ハリスに小バリといった組み合わせでも威力を発揮する。

4 フィンガーノット（58ページ）の要領で、ループをハリと端イトに3～4回巻き付ける。先に巻いた外掛け結びと同じ向きに巻いていくのがポイント。

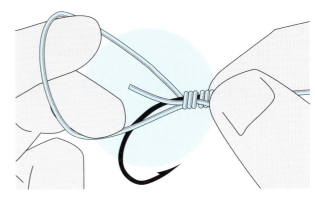

5 親指と中指で巻き付け部分をつまんで緩まないようにする。人差し指はループの中に入れたまま本線を引き、ある程度までループが絞れたら人差し指を外して最後まで本線を引く。

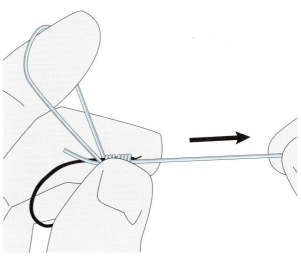

6 さらに端イトも引いて80％の力加減で結んでから、最後にハリと本線を持って確実に引き締める。余分の端イトをカットして完成。

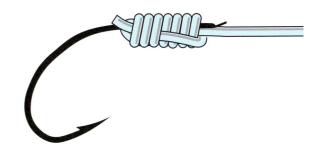

アドバイス　慣れてきたら、端イトは短いほど作業しやすくなる。

ハリスのチモト補強

歯の鋭い魚にも対応する、添えイトを利用した補強方法

1 ハリへの結び方は何でもよいが、ここでは外掛け結び（56ページ）の例を紹介する。まず、ハリスの先端に編み付け用の別イト（ハリスよりやや細めのラインが結びやすい）を20cm前後添え、ハリの軸に合わせて先端で小さなループを作る。

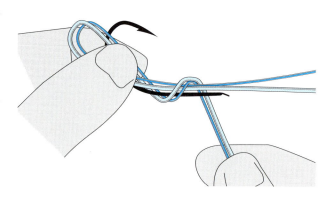

2 ハリスと添えイトを一緒にして、ハリのフトコロからチモトの方向へ5〜6回を目安に巻き付けていく。このとき、2本のイトが雑に重ならないように注意。

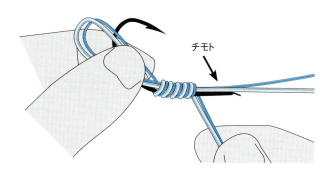

チモト

3 ハリスと別イトの先端を最初の輪の中に通し、全体を押さえながらしっかりと締め込む。ハリ側の余分の端イトをカットして、2本イトによる外掛け結びの完成。

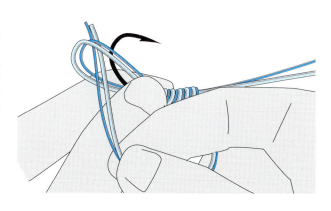

ハリの結び

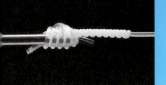

タチウオや石物といった歯が鋭い魚を狙う場合、ハリのチモト部分を補強しておくのが常套手段。方法はいろいろあるが、一番ポピュラーなのは添えイトをハリスに編み込んでいく方法だ。

4 以降の編み込みは、竿先のテンションなどを利用してハリス本線を張った状態にすると作業しやすい。ハリをどこかに引っ掛けて固定するのもOK。まず、添えイトを本線の下側からまわし、できたループの中に通す。

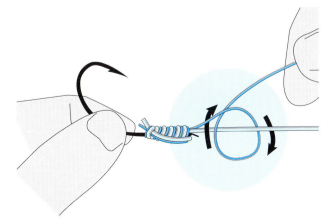

5 続いて、今度は本線の上側からまわしてループに通す。この一連の作業を上下交互に4〜8セット繰り返して編み付けていく。

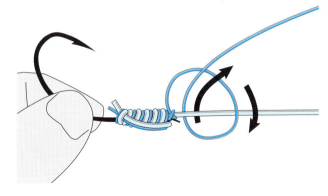

6 最後の編み付け部分をしっかりと引き締め、余った添えイトを切って完成。

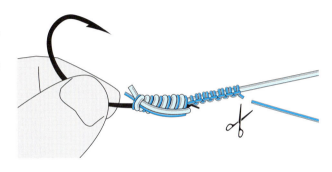

アドバイス 添えイトは編み込みで使うほかに、本線と撚り合わせていく補強方法もある（100ページ）。

孫バリの結び

ハリスの長さを任意に決められる「スネルノット」が最適

1 まず、端イトと本線が一直線に仕上がる内掛け結びや外掛け結びなどでハリスを親バリに結ぶ。端イトの長さを「孫バリと親バリとの距離＋15cm」ほど確保しておくのがポイント。

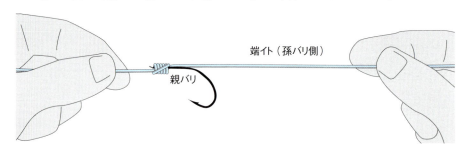

2 端イトの孫バリを結びたい位置をハリ軸に合わせ、その状態でループを作る。端イトの長さは2cmほどにしておくと結びやすい。

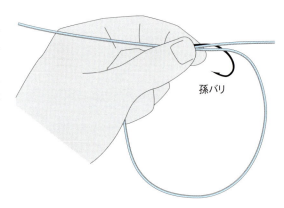

3 スネルノットの要領で、ハリのフトコロ側にあるループをハリ軸に巻いていく。

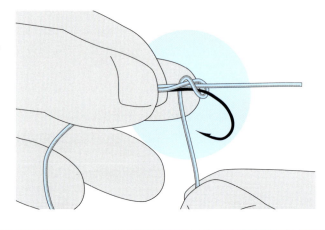

ヒラメの泳がせ釣りなどで孫バリ仕掛けを作る場合、エサの小魚のサイズに合わせて親バリと孫バリとの距離を調整することが大切だ。その意味で、長さ調整しやすい「スネルノット」（62ページ）が便利。

4 巻き付け回数は、5〜6回ほど。**1**で最初の端イトの長さが短すぎると、この作業がやりにくくなる。慣れるまでは長めに確保しておくといいだろう。

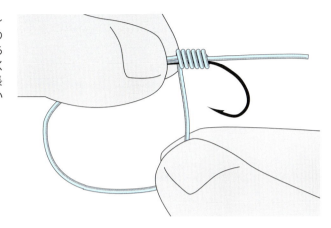

5 巻き終えたら、端イト側を引っ張って結び目を締め付ける。本線側の長さはほとんど変わらないので、孫バリと親バリとの距離を一定にキープできるわけだ。

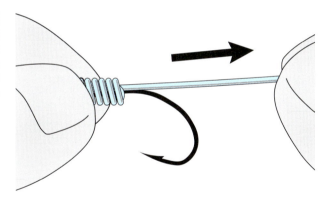

6 余分の端イトをカットすれば、孫バリ仕掛けの完成。ハリ間の長さの目安は10〜15cmほど。

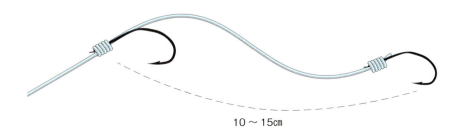

10〜15cm

アドバイス　親バリと孫バリのハリ先の向きは同じ方向に仕上がるのが理想だが、多少ズレていても問題ない。

アシストフック（1）

ジギングでのフッキング率を向上させるための必需品

1 長さ20cmほどにカットした中空強化繊維（ケブラーノットなど）の芯を抜き、作りたいアシストフックのハリスの長さを考慮して、ふたつ折りにしたステンレス線（0.6mm径ほど）を通し差しする。

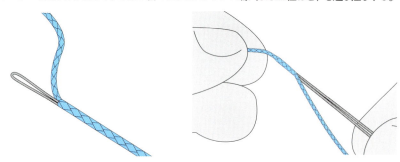

2 強化繊維の先端に溶接リングを通してから、ステンレス線のU字部分の中に通す。

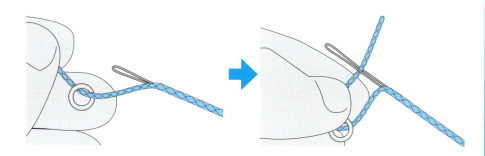

3 ステンレス線をゆっくり引き抜き、余りをカット。繊維を指でしごいてやるとカット部分が外側の繊維の中に隠れる。ハリスの長さは、セットするメタルジグのサイズを考慮して決定したい。

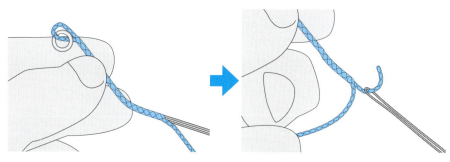

ハリの結び

メタルジグを使ったジギングでは、ジグのフロント（頭）側に「アシストフック」を装着してフッキング率を上げるのが常道。作り方はさまざまだが、ここでは中空強化繊維を使ったシンプルな方法を紹介する。

4 フック（環付きのアシスト専用フックが結びやすい）の環の内側から強化繊維を通し、ハリ軸の外側からハーフヒッチ（編み付け＝28ページ）を行う。この1回目のハーフヒッチ分だけ強化繊維が二重になっている部分を利用すると強度がさらに増す。

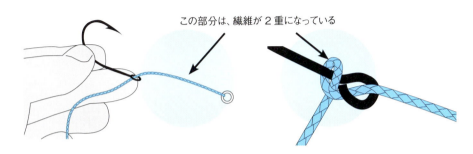

この部分は、繊維が2重になっている

5 今度は逆方向にハーフヒッチを行い、プライヤーで強く引き絞る。同じ要領で、交互にハーフヒッチを6回繰り返す。結びに隙間ができないように、1回1回ていねいに作業してみたい。

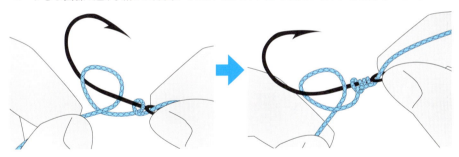

6 ハーフヒッチが完了したら余分をカットして、アシストフックの完成。実際に取り付ける場合は、写真のように溶接リングにリーダーを直接結び、スプリットリングを介してメタルジグをセットする。これで、魚とのファイト中のパワーは、すべて強度に優れる溶接リングにかかってくるわけだ。

アドバイス　6でカットした強化繊維の断面を瞬間接着剤で固めておくと、ほつれ防止になる。

アシストフック（2）

シーバスや小型回遊魚を確実に獲るための「スイミングフック」

1. 作業では、フライタイイング用のバイスと根巻きイトにテンションをかけるボビンホルダーがあると便利（51ページ）。まず、ハリのフトコロ部分をバイスに固定し、根巻きイトをハリの軸に下巻する。ハリは、丸セイゴ13〜16号やチヌ5〜6号などを魚のサイズに応じて選ぶ。

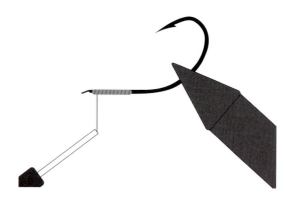

2. ハリスは、ケブラー15号を使用。長さ6cmほどにカットしてハリ軸の内側に添え、根巻きイトをハリのチモト側から密に巻いて固定していく。根巻きイトは5〜6回巻くごとに強く引き絞ることで、ケブラーのスッポ抜けを防げる。

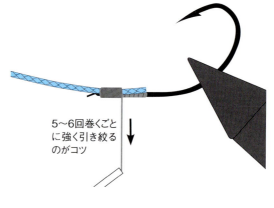

5〜6回巻くごとに強く引き絞るのがコツ

3. ケブラーを折り返し、ループの全長が1〜2cmになるようにハリ軸に添えて根巻きイトで固定する。用途によっては、ケブラーに溶接リングかスプリットリングを通すのもよい。

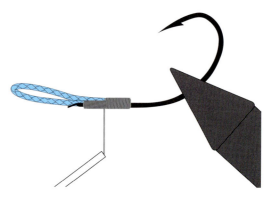

ハリの結び

アドバイス 「根巻きイト」は釣具店で市販されている。PEラインの0.8号程度でも代用可能。

シーバスや小型回遊魚が相手の場合、トリプルフックの代わりにシングルタイプの「スイミングフック」を使うとファイト中のバラシが軽減する。この応用で、2本のハリを使った「チラシバリ」も作製できる。

4 根巻きイトを一往復巻いてケブラーを固定したら、ハリ軸に絡めるようにハーフヒッチを2～3回して留める。根巻きイトをギリギリでカットし、巻いた部分を瞬間接着剤で塗り固めて完成。

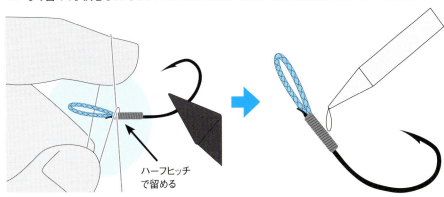

ハーフヒッチ で留める

1 チラシバリや段差タイプにする場合は、ハリス用のケブラーをふたつ折りにして8の字結びなどで小さなラインアイを作り、ふた股になったラインそれぞれにハリを固定すればよい。ハリスの長さはシーバス狙いの場合で2cm前後が目安。

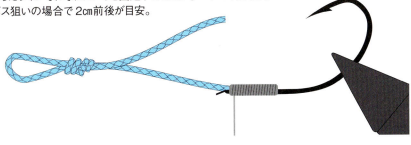

2 根巻きイトを瞬間接着剤で固めて完成。ケブラーまで接着剤が浸透すると硬くなってしまうので、接着剤は必要最小限でOKだ。なお、フック同士の向きは内側にするのが基本。

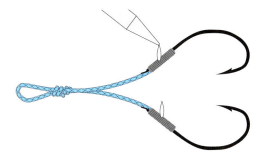

アシストフック（3）

面倒な根巻きを省略した「チラシバリ」の簡易版

1 ハリは74ページと同様でよいが、環付き（カン付き）タイプならスッポ抜けしにくい。ハリスはアシストフック用の50ポンドなど。結び部分を保護する熱収縮チューブは1.5～2mm径を用意する。

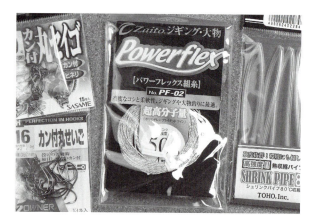

2 ハリス用のラインをハリの環の内側から通してハリを結ぶ。結び方は、内掛けでも外掛けでも何でもよいので、自分が得意な方法で。

3 ハリス全長を15cmほどでカットし、熱収縮チューブを長さ2cmほどに切って、ハリスに2個通す。

ハリの結び

アドバイス　釣り場で作業する場合、熱収縮チューブは省略してもよい。

シーバスのジギングでは必須ともいえる2本のハリをセットした「チラシバリ」。74ページでは根巻きイトでハリを固定する方法を紹介したが、釣り場でも即席で作れる根巻きを省略した方法を見てみよう！

4 ハリスの反対側にも同様にハリを結ぶ。このとき、ハリスをふたつ折りにした状態で好みの全長になるように調整する。

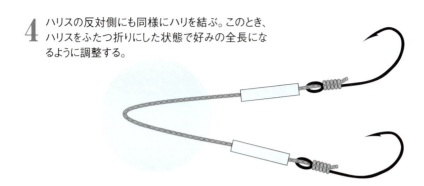

5 ハリスに通してあったチューブを結び目の位置まで移動し、ライターの炎であぶって収縮させる。このとき、ハリスまで溶かさないように注意。自宅で作業する場合は、ヒートガンや熱湯を利用すると失敗が少ない。

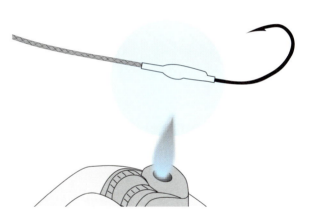

6 ハリスの折り返しに、溶接リングかスプリットリングを27ページ4の要領で装着して完成。

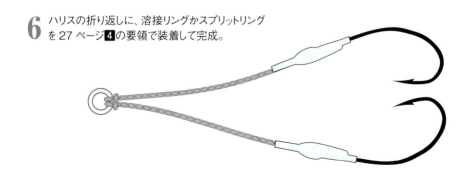

アドバイス 熱収縮チューブは、80〜90℃の温度で収縮する。

「ハリ結び器」を使ってみる

ハリ結び器の種類

ハリ結び器は各社から販売されているが、どれも原理はほとんど同じ。写真のような電動タイプで結べるのは「内掛け結び」が一般的で、巻き数は任意に調整できる。手動式の場合は、外掛け結びや枕結びに対応しているタイプもある。

対応するハリのサイズ

上の電動結び器の場合、対応するハリの大きさは、袖2〜12号、チヌ1〜9号、グレ3〜7号、マダイ7〜13号など。対応ハリスは、ナイロンやフロロカーボンの0.1〜6号。これだけ幅広く対応していれば、海釣りはもちろん、淡水の釣りでも多くのジャンルで活躍してくれるだろう。

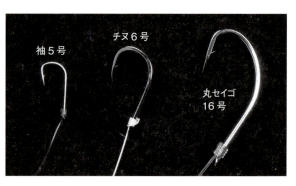

袖5号 / チヌ6号 / 丸セイゴ16号

圧倒的なスピードと精度。初心者には電動式がオススメ

たとえば、朝夕の光量に乏しい時間帯、ラインを結ぶのに難儀したことはないだろうか？　とくに、小さなハリをハリスに結ぶのは、ベテランにとってもハードルは低くない。「ハリ結び器」は、そんな場合の救世主になってくれるアイテムだ。極小のハリから大きめのハリまで、スピーディかつ確実に結んでくれるので、初心者はもちろん、老眼気味のベテランにとっても利用価値大。ハリの結びが得意という人でも、大量のハリ結びをする場合には、あると便利なツールであることは間違いない。

ハリ結び器は、手動式と電動式があって、どちらもハリスを結ぶ原理は同じ。ただし、手動式だとハリスを巻くときのテンションを自分で微調整する必要がある。その点、電動式はすべてお任せなので、誰が巻いても安定した強度を期待できる。

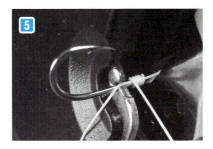

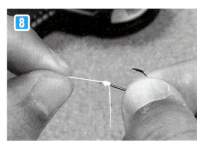

【ハリ結び器の使い方】

1まず、ハリ結び器の中央へハリをセットする。**2**ハリスを本体の裏側から上部の溝に通し、右側のハリス留めに固定。**3**ハリス本線を本体に一周させ、裏側で保持する。**4**右手でハリスを保持したまま、本体を持つ左手でスイッチオン。**5**歯車が回転するので、好みの回数分だけハリ軸にハリスを巻いていく。**6**巻き終えたらスイッチを切り、下側にあるスライドパーツを一番上まで移動させる。**7**ハリスの本線をしっかり引っ張り、結び目を締め付けていく。**8**ハリを本体から外し、端イトと本線を再度引き締めて、あっという間に完成！

トリプルエイトノット

ライン同士を手早く直結するための基本スタイル

1. 結び合わせるライン同士を10〜15cm重ね、2本束ねた状態で直径3〜5cmのループを作る。ラインが重なった部分がズレないように、指で軽く押さえておく。

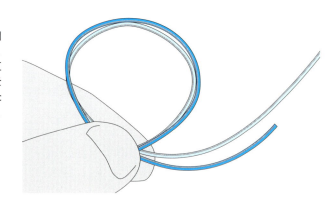

2. ループの中に指を入れてクルクルとねじっていく。ラインの太さや素材にもよるが、ねじる回数は3回が基本。細ラインの場合は、4回ひねる人もいる。

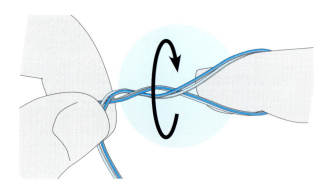

3. ねじったループの先端側に、ラインと端イトを2本一緒に抜き通す。

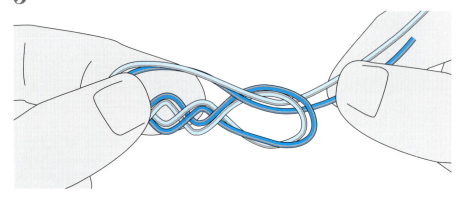

イトとイトの結び

アドバイス　ループを作るときにライン同士がズレていると、仕上がりが雑になって強度も落ちてしまうので注意！

26ページの「8の字結び」をより強化した結び方で、とくに細いライン同士を直結するときの強度に優れる。接続具の結びよりも負荷がかかるため、最初のラインのひねりを3回に増やすのがポイントだ。

4 本線と端イトを同時にゆっくりと引っ張りながら結び目を作っていく。

5 結び目を唾液で湿らせてから、さらにきっちりと締め込み、端イトをカットして完成。

＊トリプルエイトノットは、8の字結び（26ページ）と同様にライン先端に輪を作るときにも多用する。この場合は、ラインの先端を折り返した状態で結ぶだけでOKだ。

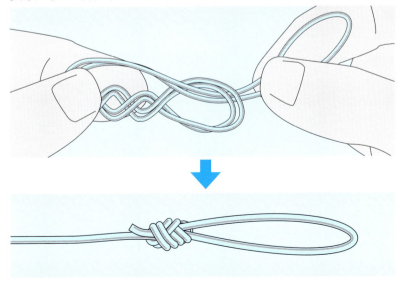

アドバイス 極細PEラインに先イトを結ぶ場合などは、PEライン側を折り返して2重にして結ぶと強度がアップする。

サージャンズノット

細ラインを多用する釣りで活躍する強力な結び

1. 結び合わせる2本のライン同士を10〜15cm重ね、直径3〜5cmのループを作る。なお、この結びでは作業の手順上、結ぶハリスやリーダーの長さをあらかじめ決めて切っておくことが必要になる。

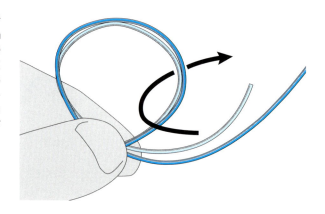

2. 2本のラインを一緒にしたまま各先端をループにくぐらせ、一重結びのように巻き付ける。

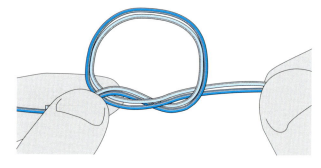

3. 同様の手順でラインを2〜3回くぐらせていく。極細PEラインとリーダーを結節するときは3〜4回くぐらせると安心。ラインがズレないように、1回1回押さえながら作業するのがコツだ。

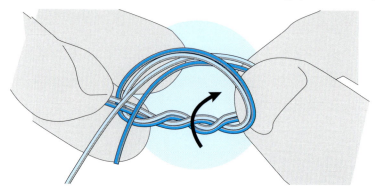

イトとイトの結び

この結びは、ミチイトとハリス、あるいは幹イトと枝ハリスなど、主に細イト同士の結節に用いられることが多い。また、ルアーフィッシングで0.5号以下の極細PEラインにリーダーを結ぶのにも重宝する。

4 ラインの巻き付けが完了したら、両側のラインを2本ずつしっかり持ち、ゆっくり締め込んでいく。

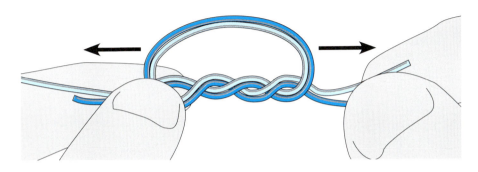

5 ライン同士が重ならないように注意しながらゆっくりと締めていくと、途中でエイトノットのように8の字状の結び目になる。

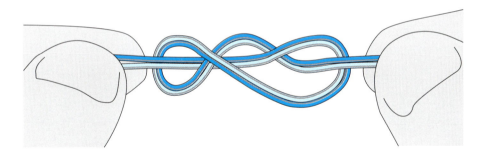

6 結び目を唾液で湿らせてから、さらにきっちりと締め込んでいく。余分な端イトをカットして完成。

アドバイス　トリプルエイトノット同様に、この結びでもライン先端に輪を作ることができる。

ブラッドノット

投げ釣りの力糸の結びで、安定した強度を発揮

1. 結び合わせるライン同士を20cmほど重ね、交互にクロスさせて絡めていく。絡める回数は最低でも4回は必要。これ以上少ないと強度的に弱くなりやすい。

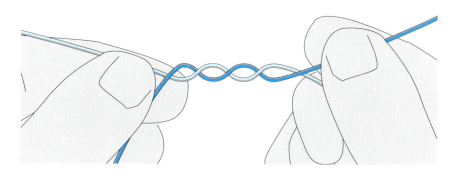

2. どちらか一方の端イトを折り返し、巻き付けたラインの間に挟み込む。

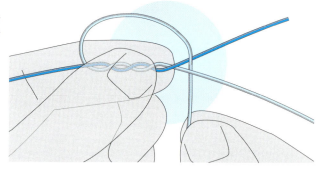

3. 挟んだラインが外れないように指先で押さえつつ、もう一方の端イトをさらに同一方向に絡み付けていく。このときの回数は、1に揃えることが大切。

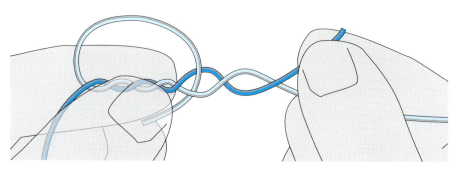

イトとイトの結び

アドバイス　結び合わせるラインの太さが極端に違う場合、細いほうのラインを2重にして結ぶ方法もある。

投げ釣りのミチイトにナイロンの力糸を結節するときなどに、安定した強度を発揮する結び。滑りのいいPEラインでは採用されることはないが、もっとも基本的な結び方として覚えておくといいだろう。

4 絡み付けた端イトを**2**と同じ位置に挟み込む。このとき、端イトの向きがそれぞれ反対方向に出るようにするのがポイント。

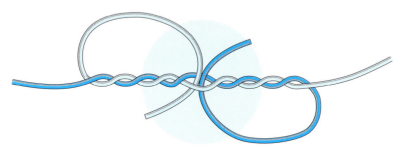

5 端イトが抜けないように押さえながら、ゆっくりとラインの本線を引き締めていく。最後に端イト側もしっかりと締め込む。

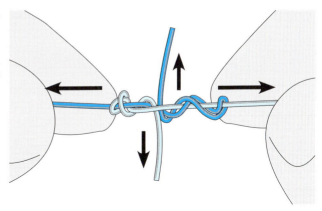

6 端イトはギリギリでカットすると、結びコブを小さくできる。これによって、仕掛けをキャストしたときに結び目が竿のガイドに干渉するのを最低限に抑えられる。

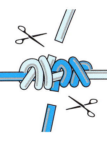

電車結び (1)

ユニノットを応用した、電車結びのスタンダード

1. 結節する2本のライン同士を15～20cmほど重ね、まず先に片方のラインの先端で直径3cmほどのループを作り本線に添える。

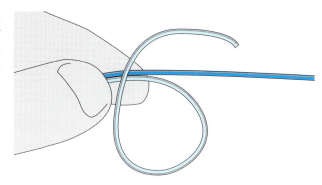

2. ループを作った側のラインの先端を利用して、2本をまとめてユニノット（24ページ）で結ぶ。

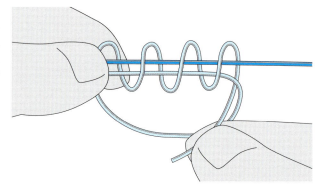

3. ユニノットの巻き付け回数は4～5回が目安。ただし、イラストのようにPEラインを使う場合は、6～7回ほど巻いておくのが安心だ。

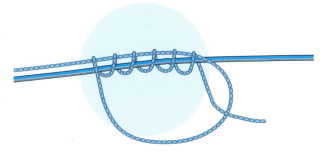

イトとイトの結び

アドバイス　PEラインを使う場合は、ラインの先端側を二つ折りにして使う方法もある。

この結びは、ユニノットをマスターしていれば簡単かつスピーディにライン同士を結節できる。太さや材質が違うライン同士でも強度が安定しているため、さまざまな釣りで多用されている結び方でもある。

4 同様にして、反対側のラインでもユニノットを行う。左右対称になるように結んでいけば、仕上がりが美しくなり、強度も安定してくる。

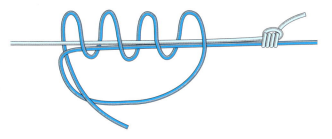

5 結び目を軽く引き締めてからラインを唾液で湿らせて摩擦熱を防ぎ、本線が縮れないようにゆっくりと引き締めていく。

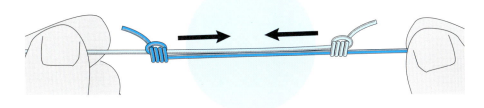

6 結び目が徐々にスライドしてドッキングしたら、さらに端イトをしっかりと引き締めて完成

＊より強度を高めたいときは、余った端イトで編み付け結び（28ページ）を左右8〜10回ほど施すとよい。とくに、投げ釣りの力糸にPEラインを使う場合は、編み込んでおくのが安心。

電車結び (2)

移動結びを利用した簡易版。端イトを挟み込むことで、スッポ抜けを防止

1 結び合わせる2本のラインを15cmほど重ね合わせ、まず片側のラインで反対側のラインを巻き込むように「移動結び」(34ページ)をして軽く締めておく。このとき、端イトの長さが5cmほどになるように調整するとよい。

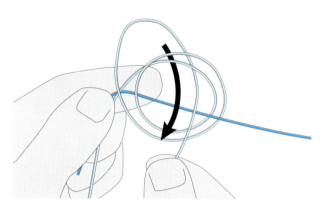

2 同様に、反対側のラインでも移動結びをして、ふたつの結び目を作る。

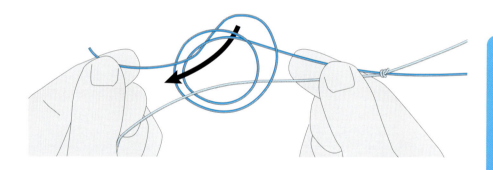

3 端イト同士を引っ張って結び目を整えつつ、重なった2本のラインの長さをそろえる。

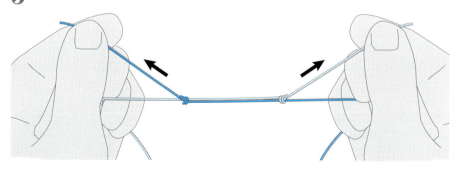

よりスピーディに結節できる、電車結びの簡易版。スッポ抜けを防ぐために、最後の締め付け時に双方の結び目の間に端イトを挟み込むのがコツだ。これで、PEラインとリーダーとの結節も可能になる。

4 それぞれの端イトを二重になったラインの中に、互い違いの方向から抜き通す。

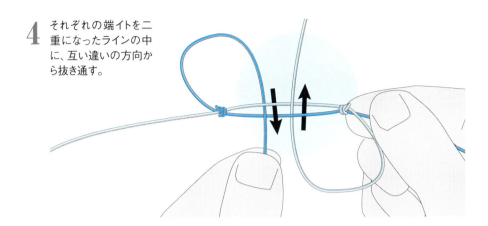

5 端イトが抜けないように軽く指で押さえながら、ゆっくりと双方のライン本線を引き締めていく。最後に端イト側もしっかりと締め上げる。

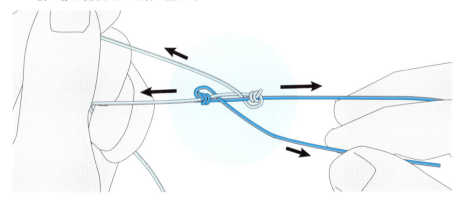

6 余分の端イトをギリギリでカットして完成。

アドバイス　この結び方は見た目以上に強いので、極細PEラインに先イトを結節するときにも便利。

ループトゥループ

チチワ結びを連結させた結び方。シンプルで強度も安定している

1. 結び合わせるラインのそれぞれの先端に、8の字結び（26ページ）やパーフェクションループ（106ページ）、トリプルエイトノット（81ページ）などで3〜4cmほどの長さのループを作る。

2. ハリスかリーダーなど全長が短いほうのラインのループに、反対側のラインのループを通す。

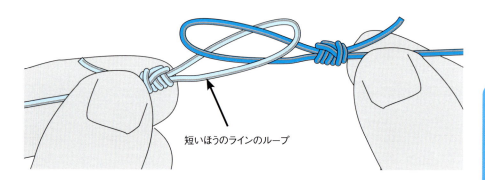

短いほうのラインのループ

3. 短いほうのラインの末端を相手のループ中にくぐらせる。上下関係を間違えないように！

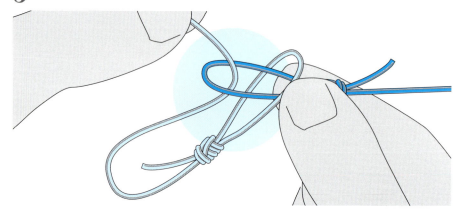

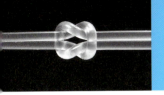

双方のライン先端にチチワ結びなどでループ（輪）を作り、それを連結させた単純明快な結び。古典的な結び方ではあるが、データ上ではすべての結び方のなかでもトップクラスの強度を誇る。

4 そのままラインを引き締めていく。

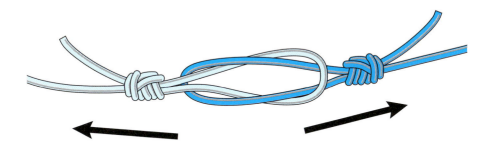

5 しっかり締め込んで完成。お互いのループ同士がUの字の形状で連結されているのが正解だ。

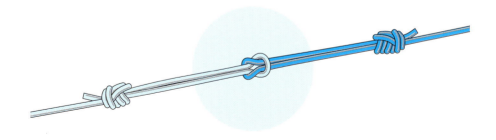

＊このように、片側のループが折り返された状態で連結すると、片方だけに負荷がかかって強度が落ちてしまうので注意。

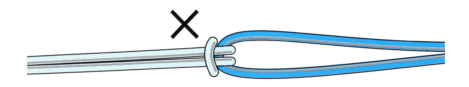

サージャンズノット改

幹イトとハリスの太さが同程度のときの枝ハリス結びの基本型

1 幹イトに枝ハリスを添え、2本束ねたまま直径5～8cmほどのループを作る。続いて、2本のラインを一緒にしたまま、ハリスと幹イトをループに通し、一重結びのように軽く巻き付ける。

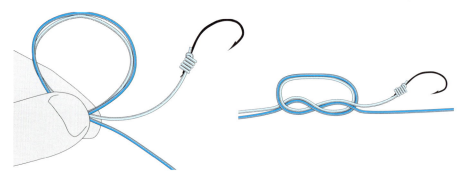

2 同様の手順で、ループを2本重ね合わせたままラインを2～3回くぐらせていく。

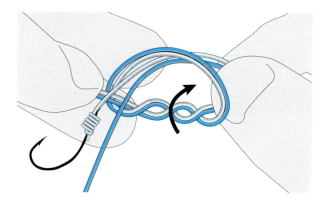

3 ラインの巻き付けが完了したら、両側のラインを2本ずつしっかり持ち、左右均等の力でゆっくりと締め込んでいく。ここまでは「サージャンズノット（82ページ）」と同じ要領。

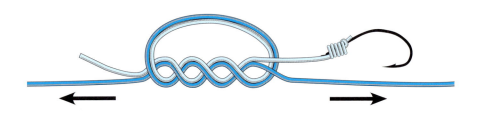

枝ハリスの結び

この結び方は、幹イトと枝ハリスをサージャンズノットで結節し、さらにハリスを幹イトに絡めて、ライン同士が直角になるようにセットするのがポイント。これによって、ハリス絡みなどのトラブルが少なくなるわけだ。

4　ライン同士が重ならないように注意しながら、ゆっくりと締めていく。

5　ハリスを幹イトに対して直角にしたいときは、このようにハリスを一回絡める（ハーフヒッチ）とよい。最後に余分な端イトをカットして完成。

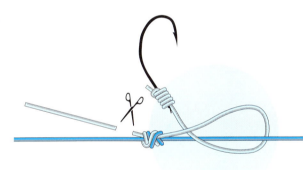

6　ハリスを絡めることで、強度が向上するメリットもある。ただし、小物狙いの仕掛けの場合はハリスの絡めを省略してもよい。

ヨリチチワ結び

沖釣りで多用される、枝バリの交換がしやすい定番結び

1. 幹イトのループが必要になる部分に一重結びで輪を作り、その輪の中にラインをくぐらせた状態にする。

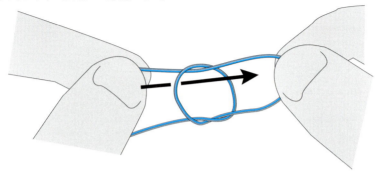

2. 同様にして、最初の輪の中に2〜3回ほどラインをくぐらせていく。

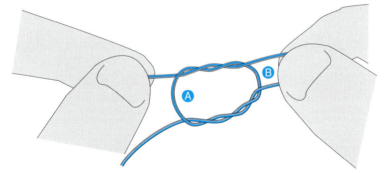

3. さらに、最初の輪の🅐の部分を🅑の輪の中に通す。これは上下どちら側からでもOK。ライン同士がもつれないように注意しよう！

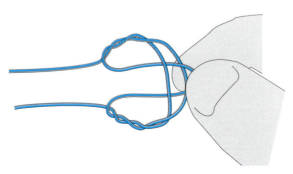

枝ハリスの結び

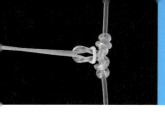

「ヨリチチワ」で幹イトに小さなループを作り、そこに枝ハリスをセットする方法は、ラインの太さに差があっても強度を損ないにくいのがメリット。ハリス交換も簡単なので、沖釣りなどで人気のスタイルだ。

4 ループの大きさを調整しつつ、ゆっくりとライン本線を両端から引っ張っていく。ループの大きさはできるだけ小さく収めるのが理想。ヨウジなどをループに入れながら大きさを調整するのもよい。

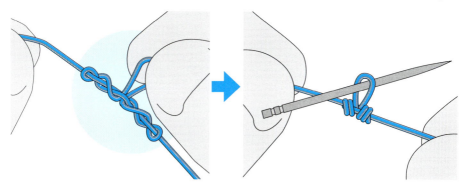

5 枝バリを装着するときには、ループトゥループ(90ページ)でチチワにセットすればOK。

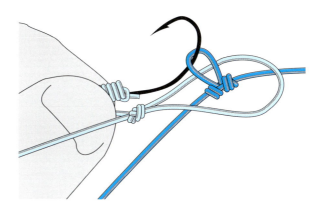

6 この方法なら、幹イトとハリスの太さに差がある場合でも、安定した強度を発揮してくれる。

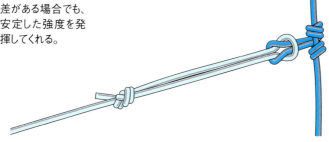

無限結び

投げ釣りやサビキ仕掛けの作製に便利な枝バリ結び

1 幹イトの枝バリが必要な部分に輪を作り、さらに、その輪の中にラインを一回くぐらせる。

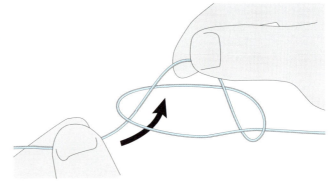

2 同様に最初の輪の中に2〜3回ラインをくぐらせる。94ページのヨリチチワ結びとは、多少手順が違うので注意。

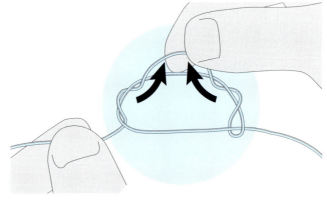

3 続いて、❹から枝ハリスを通す。このときの方向は上下どちらからでもよい。

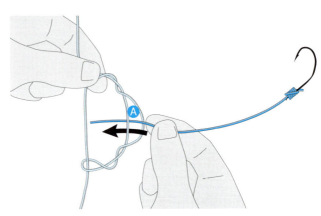

枝ハリスの結び

幹イトの途中に枝ハリスをセットする簡単な方法。手早く作業できるため、シロギス釣り用の無限仕掛け（幹イトに枝ハリスを多数結んだもの）などに多用されている。小型魚相手なら、強度的にも問題ない。

4 ハリスを❸へ抜き、再び❹から抜く。③でハリスを通した反対側から抜くのがポイント。

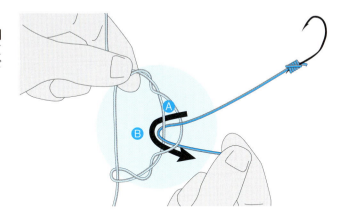

5 幹イトをゆっくりと引き締めていくと、枝ハリスがV字型に絞られていく。

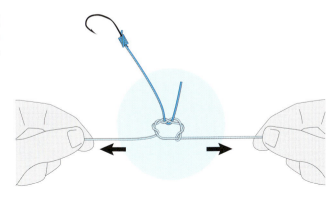

6 完全に引き締めると、枝ハリスが幹イトに対して直角に固定される。余分な端イトをカットして完成。

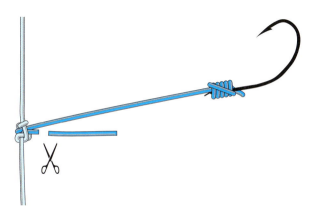

アドバイス 釣り場で急いで結びたい場合、4の作業は省略してもよい。

ビーズ結び

胴付き仕掛けでビーズをセットするときに便利な「8の字結び」の工夫

1 まず、布テープなどを利用して画びょうをテーブルの上に固定する。この画びょうのハリで、8の字結びの位置を調整するわけだ。

2 幹イトの枝ハリスを接続したい位置に、8の字結びを1回行う。

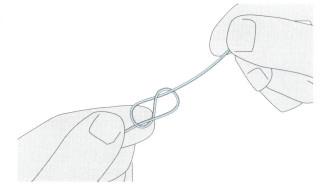

3 ハリス留め用のビーズを幹イトに通し、その反対側にも8の字結びを軽く結ぶ。

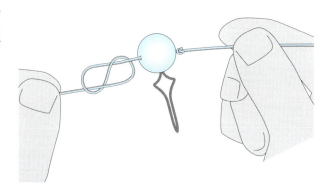

枝ハリスの結び

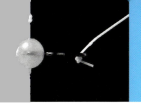

カワハギ釣りなどで使う胴付き仕掛けでは、枝ハリスの接続に専用ビーズを利用するのが一般的。このビーズを幹イトにセットするとき、上下の8の字結びの位置を調整するのに便利な方法を紹介する。

4 ❸で作った8の字結びのビーズに近いほうのループを画びょうのハリに通す。このとき、最初に作った8の字結びをビーズに密着させた状態にしておく。

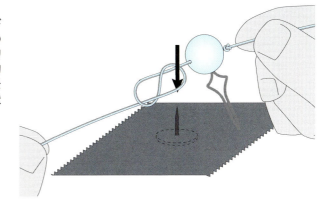

5 幹イトをゆっくり引っ張りながら、ビーズを画びょうのハリに近づけていく。これによって、新たに作った8の字結びがビーズに近づいていく。ある程度結び目を締め付けたら、画びょうから外す。

この結び目をビーズに密着させる

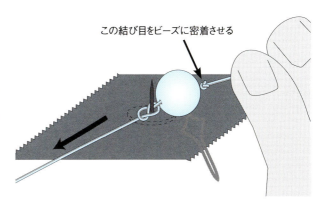

6 最後に幹イトの両端を引っ張って結び目をしっかり締めると、ビーズと結び目との間に適度な余裕ができる。これで、ビーズの上下の動きが最低限となり、回転を損なうこともない。

多少の余裕を持たせる

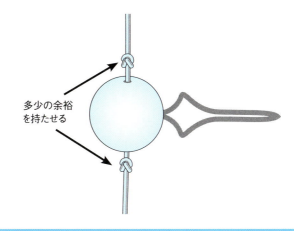

ヨリイトの作り方

投げ釣りの「砂ズリ」やハリスのチモト補強に応用してみたい

1. ラインのヨリイトを作りたい部分を折り返し、その先端に8の字結び（26ページ）などで小さな輪を作る。

2. 結んだ部分を利き手の親指と人差し指で持ち、反対の手の親指と人差し指で2cmほど離れた2本のラインを軽く持つ。

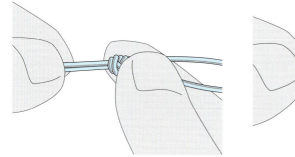

3. 利き手で結び部分をクルクル回していくと反対側の指の中でラインにヨレがかかり、2本のラインが自然にヨリ合っていく。

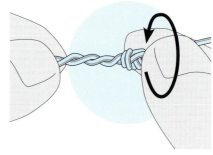

4. そのまま利き手で回転を続けつつ、2本のラインがヨレていくのを感じながら反対の手の指を結び目と反対の方向へ少しずつ移動していく。うまくヨレていかない場合は、反対の手の指の力加減を調整してみよう。何度か試してみれば、簡単にできるはず。

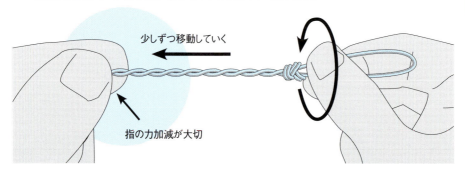

少しずつ移動していく

指の力加減が大切

投げ釣りで、仕掛けの補強や張りをもたせるためにラインにヨリを入れた部分が「砂ズリ」。2本のラインを同方向にねじっていくことでヨリを入れるわけだが、これはハリスのチモト補強などにも活用できる。

5 ヨレを繰り返していくと、2本のラインの末端側がもつれてくるので、適宜、利き手でほどきながら作業するとよい。

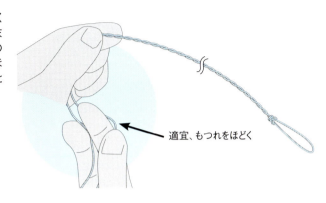

適宜、もつれをほどく

6 予定の長さよりも3～4cmほど多めにヨレを入れたら、予定の長さの位置に8の字結びなどをして留める。

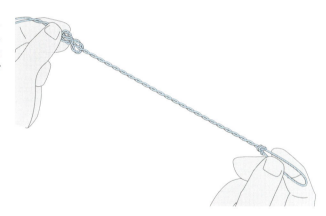

7 これで「砂ズリ」の完成。砂ズリに仕掛けをセットするときは、仕掛けの上端にチチワを作って連結するのが簡単だ。

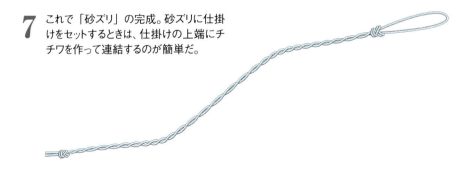

アドバイス ハリスのチモトを補強する場合は、68ページのように添えイトを利用すればよい。

ウキ留め結び

ウキフカセ仕掛けで遊動ウキを使う場合の必須の結び方

1. まずは定番の「ウキ留め結び」。10cmほどにカットしたウキ留め専用イト、あるいはラインの切れ端をミチイトに添えて輪を作る。

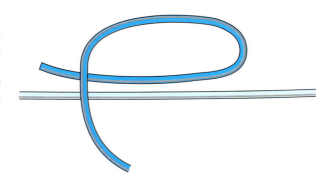

2. 輪の中にウキ留めイトの先端を3〜5回絡めていく。巻き付け回数が多ければズレにくくなるが、イトの太さで調整しよう。

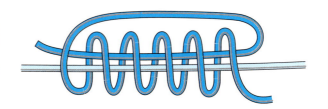

3. イトの両端を持ってゆっくり引き締め、余分の端イトを数ミリ残して切って完成。ウキ留めは、イトの太さや巻き付け回数によって摩擦抵抗が変化するので、実際に使いながら調整していくといいだろう。

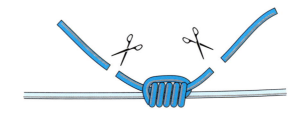

アドバイス ③の余りイトを2cmほど長めに残しておき、緩んできたときに締め直しできるようにする方法もある。

ウキフカセ釣りではミチイトに「ウキ留め」をセットするのが基本で、専用のウキ留めイトやミチイトの端切れなどを結ぶことが多い。結び方自体は簡単なので、ここでは2つのパターンを紹介しておこう。

1 もっと簡単な方法がコレ。10cmほどにカットしたウキ留めイトをふたつ折りにしてミチイトに添え、イトの端を2本一緒に持って、ふたつ折りした部分に通して引っ張る。

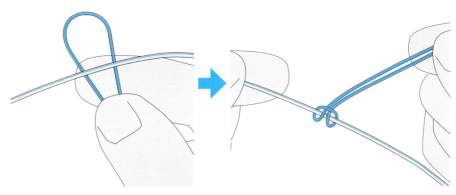

2 さらにミチイトに一回絡めて、ゆっくり引き締める。しっかり留めたい場合は、2〜3回絡めてもよい。

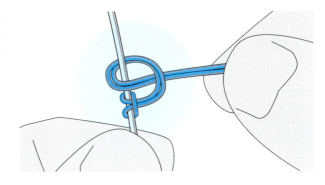

3 余分を1〜2mm残して切れば完成。ゴム製のウキ留めイトの場合は、こちらの結び方のほうが締まりがいい。

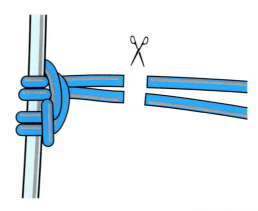

本当に「強い結び」とは？

接続具の結び	強度
クリンチノット	84%
ダブルクリンチノット	94%
ユニノット	88%
8の字結び	90%
編み付け結び	96%
パロマーノット	91%
ハリソンズループ	89%

ハリの結び	強度
内掛け結び	90%
外掛け結び	88%
フィンガーノット	91%
簡単結び	90%
スネルノット	91%
枕結び	93%
南方延縄結び	94%

ライン同士の結び	強度
エイトノット	82%
トリプルエイトノット	90%
サージャンズノット	89%
電車結び	85%
ブラッドノット	85%
ループトゥループ	89%
無限結び	78%

PEラインの結び	強度
FGノット	93%
SFノット	91%
フィッシャーマンノット	88%
ファイヤーノット	90%
PRノット	97%
サージャンズノット	86%
電車結び	77%

【結びの「引っ張り強度」の比較】

上表は、各結びの引っ張り強度を測定器で5回ずつ計測し、結び目が切れた時点での平均値を表したもの（ライン強度を100としたときの%で表示）。それぞれの結びで強度の傾向が見えるが、これらの結果はあくまでも実験室内でのもの。本書では、どれも強度的に安心できる結びを選出しているので、数値は参考程度に留めて、まずは自分が自信を持って結べるものを見つけ出して完全に体得することが大切だ。

自分が手慣れている結び方が、「一番強い」という事実

ラインメーカーの強度測定器で、結びの強度を比較取材したことが何度かある。本書で取り上げている基本的な結び方はもちろん、ラインの素材別、太さ別、巻き付け回数を変えたアレンジ、マイナーな結び方などを含めて、さまざまな結びを比較した。計測値は予想通りのこともあったし、意外な結びが健闘することもあったが、実験を何度も繰り返しているうちに強い結びの傾向も徐々に見えてきた。

そもそもラインの結びというのは、ラインの摩擦抵抗や食い込みなどを利用している。したがって、強い結び方というのはラインが持つ本来の強度を損なわない範囲で、摩擦抵抗をうまく利用できているものといえる。たとえば、接続具の結びでは金属環にラインを二重に通すダブルクリンチノットなどが強いし、PEラインではFGノットやPRノットでは摩擦系のPRノットやFGノットが強い。

104

海釣りで多用する強い結びの例

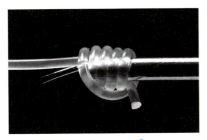

【内掛け結び (52 ページ)】

ハリの結びでは、ハリスの太さを問わずに安定した強度を発揮してくれる。私の場合、巻き付け数は5回だ。また、太いハリスでは、より締め込みやすい「フィンガーノット (58 ページ)」も併用する。

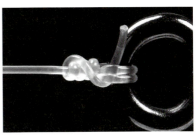

【ダブルクリンチノット (22 ページ)】

接続具やルアーなどの結びで、私が長年愛用してきて強度的にも信頼している結び方だ。ただし、ルアーをフリーノットで結びたいときは、「ハリソンズループ (46 ページ)」を採用している。

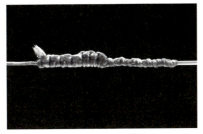

【FGノット (114 ページ)】

シーバス狙いやエギング、船でのひとつテンヤなどでは、ほぼ100%FGノットを採用している。ハーフヒッチも含めて1分以内で結べるので、ほかの簡易的な結び方の必要性をあまり感じない。

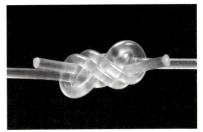

【サージャンズノット (82 ページ)】

投げ釣りでの枝ハリスの結び、極細PEラインとリーダーとの結びなどで愛用している。ライン同士がねじれにくいので、とくに細イト同士の結びでは安心して使うことができるのだ。

また、同じ結び方でも、細いラインではシンプルな結びが強いが、太くなるほど複雑な結びが強い傾向があった。

ただし、単純に摩擦を増やそうとして巻き付け回数を増やすだけでは、ラインがつぶれたり折り曲げられることが多くなり、逆に強度が低下してしまうこともある。また、右ページで紹介している強度というのは、あくまでも実験室内での「引っ張り強度」。実際の釣りでは、海水や紫外線を浴びて緩みにくいとか、魚の歯で結びが傷ついても切れにくいなども、結びの「強度」の大切な要素だと思う。そして何より、同じ結び方でも実際に結ぶ人の熟練度によって強度が大きく変わるという当たり前の事実もある。

考え方はいろいろあるが、まずはいろいろな結び方を試し、どんな状況でも自分が安定して結べるものを見つけ出すこと、そして、結ぶときのコツ(12ページ)を体得することが先決だ。その意味で、私が愛用している結び方を上に紹介しておきたい。

パーフェクションループ

慣れれば数秒で結べる、一番簡単なループの作り方

1. まず、ラインの先端から10cmほどの位置に、本線側が上になるように直径2〜5cmほどの輪を作る。最終的なループの仕上がりサイズは、この最初の輪の大きさに比例する。

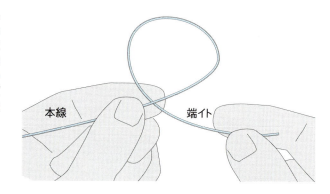

2. ①の輪の交点を利き手の反対の親指と人差し指で軽くつまみ、ラインの先端を輪の根元側に一周させて交点をつまんでいる親指と人差し指で押さえる。このときできる輪は、最初の輪よりも小さめにするのがコツ。

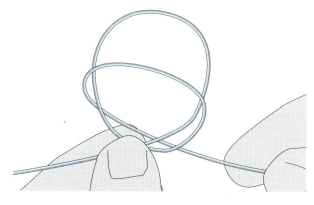

3. さらに、ふたつの輪の間にライン先端を挟み込み、交点をつまんでいる親指と人差し指でつまむ。

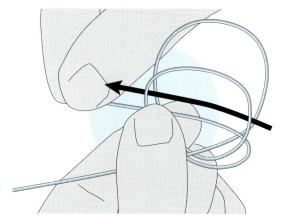

アドバイス ①で輪の大きさを決められるので、チチワ結び（14ページ）にも応用できる。

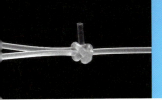

ライン先端にループを作る方法がたくさんあるなかでも、一番簡単な結び方のひとつ。ループの量産に向くことから、枝ハリスをループトゥループで結節するとき（90ページ）などに重宝する。

4 ❸でライン先端をつまみにくい場合は、このように中指や薬指で押さえておくと、つぎの作業がしやすくなる。

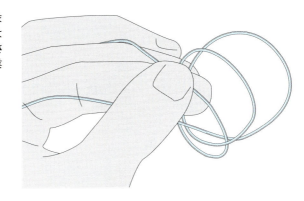

5 ❶の輪の下側から指先を入れて❷で作った輪をつまみ、そのまま引っ張っていくと徐々に結び目が締まっていく。

❷で作った輪を下から引っ張る

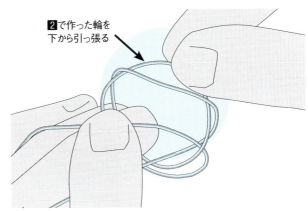

6 最後まで引き締めたときに、端イトが本線に対して直角になれば成功。端イトをしっかり締め、余分をカットして完成。ループの大きさが思い通りにできるように練習してみよう。

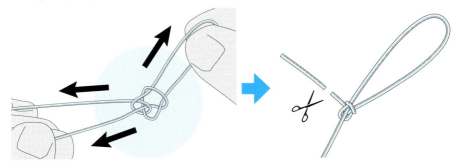

スパイダーヒッチ

ダブルラインのもっともシンプルな結び方のひとつ

1 ラインの先端を30cmほど折り返し、2本のラインを左手の親指と人差し指で束ねた状態で直径2〜3cmほどのループを作る。

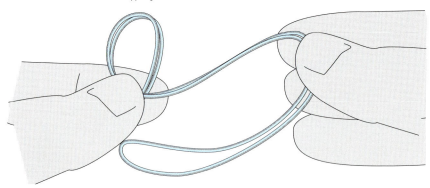

2 ループをつまんでいる親指と人差し指に、折り返した2本のラインをていねいに指の付け根方向へ巻き付けていく。回数は3〜4回が目安。

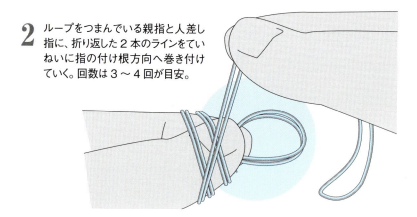

3 巻き付け終わったら、折り返しの先端をループの中に通す。巻き付けたラインが緩まないように、左手の中指でラインを軽く押さえておくとよい。

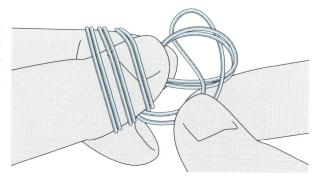

アドバイス 2で巻き付け数を多くする場合は、1の折り返しを長めにしておくとよい。

世界的に伝統のある結び方。PEラインでは強度が低下してしまうが、最近の高品質ナイロンラインとの相性は抜群で、結節強度も100％に迫る。比較的長めのダブルライン（ループ）を作るときに便利。

4 折り返しの先端をゆっくりと引っ張りつつ、巻き付けたラインを少しずつていねいにほぐしていく。ほぐれ加減を左手の中指で微調整するのがコツ。

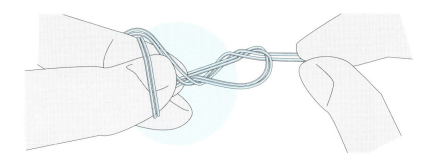

5 巻き付け部分が全部ほぐれたときに、束ねた2本のラインがきれいに揃っているのが理想。

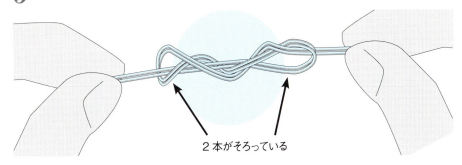

２本がそろっている

6 結び目を湿らせてから、ジワジワと締めつけていく。ライン同士がきれいにクロスしていれば成功。余分の端イトをカットして完成。

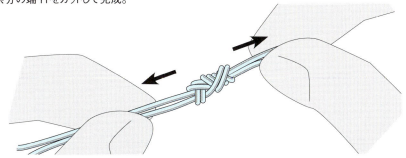

ビミニツイスト

ダブルラインで強度をアップさせるための伝統的な結び

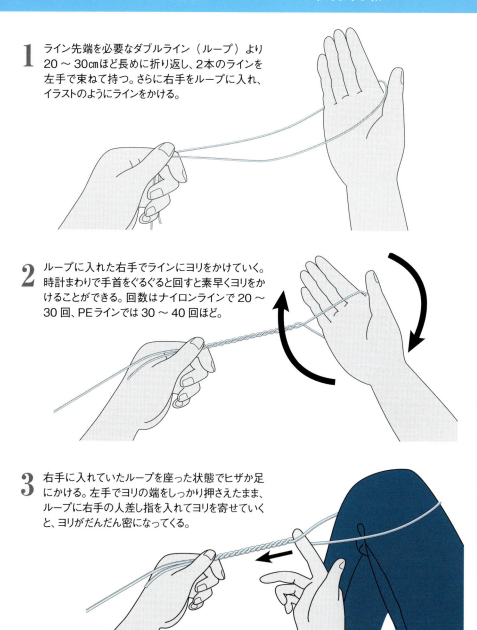

1 ライン先端を必要なダブルライン（ループ）より20〜30cmほど長めに折り返し、2本のラインを左手で束ねて持つ。さらに右手をループに入れ、イラストのようにラインをかける。

2 ループに入れた右手でラインにヨリをかけていく。時計まわりで手首をぐるぐると回すと素早くヨリをかけることができる。回数はナイロンラインで20〜30回、PEラインでは30〜40回ほど。

3 右手に入れていたループを座った状態でヒザか足にかける。左手でヨリの端をしっかり押さえたまま、ループに右手の人差し指を入れてヨリを寄せていくと、ヨリがだんだん密になってくる。

輪を作る結び

アドバイス 「摩擦系ノット」はライン同士を摩擦力のみで結節する方法で、ライン本来の強度を損ないにくいのが特徴。

ルアー釣りや沖でのライトタックル釣法などでは、細いラインにリーダーを結節するために、ミチイトの先端をダブルにする方法がある。ビミニツイストは、摩擦系のダブルラインの結び方でもっとも人気だ。

4 ライン本線にテンションをかけた状態で、右手人差し指でヨリを押しながらラインの端を折り返すと、ヨリを絞った部分へ自動的に端イトが巻き付いていく。

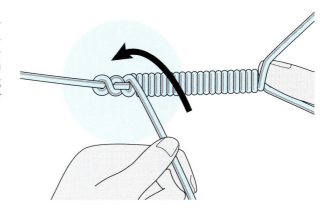

5 端イトをループの部分まで巻き付ける。4の最初の巻き付けは粗く、後半は密に巻いていくと力が分散して強度が安定する。ナイロンラインでは、ここが作業の難所になるので何度も練習してみたい。その点、柔軟性に富んだPEラインなら比較的簡単だ。

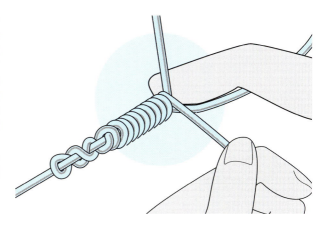

6 最後まで巻き終えたら、ラインを押さえた状態でダブルラインの一方だけに端イトで編み付け（ハーフヒッチ）を1回行う。

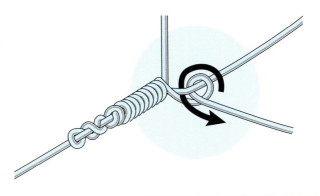

ビミニツイスト

7 結び目をゆっくり引き締めて、ヨリの部分を仮留め。

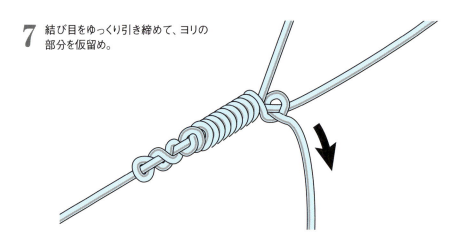

8 さらに端イトでループを作り、今度はダブルラインの2本を一緒に巻き込んでユニノット（24ページ）のように留めていく。

9 4～5回絡めてから全体を湿らせ、端イトの先端を持ってしっかりと引き締める。ダブルライン部分は、ピンと張っておいたほうが作業しやすい。

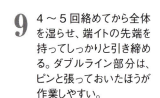
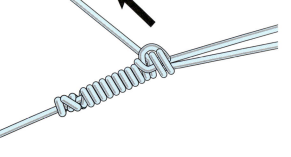

輪を作る結び

10 最後に余分をカットすれば、ビミニツイストのできあがりだ。

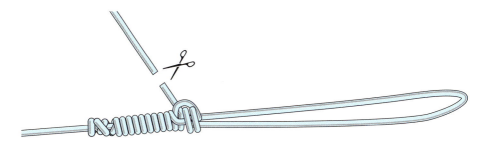

11 複雑そうに見えるが、慣れてしまえば作業はそれほど難しくはない。ぜひ、体得しておこう！

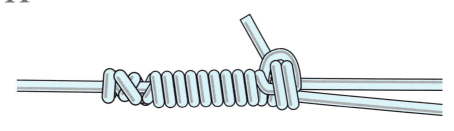

*ナイロンラインの場合、3〜5までの作業はヒザを使った方法がやりやすいが、PEラインは柔軟かつ伸びが少ないためループに入れた手の指を広げていくだけでも作業できる。この場合のコツは、最初のループを右手の人差し指と中指だけで小さめに作ること。また、ラインの本線側は、ロッドの弾力を利用してテンションを掛けておくと作業しやすい。

FGノット

PEラインとリーダーを確実に結ぶための摩擦系ノットの超定番

1. PEラインの先端を20cmほど折り返し、右手の人差し指と親指に引っかけるように三角形にして、端イトと本線を薬指と小指に3回ほど折り重なるように絡めて留める。

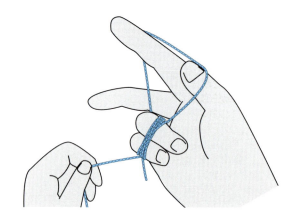

2. 人差し指と親指の間のPEラインに、リーダー先端から3〜5cmほどの位置で交差させる。

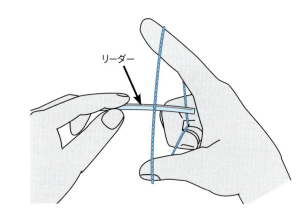

リーダー

3. 右手を裏返し、指間のPEラインをリーダーにクロスして巻き付ける。続いて、リーダーの先端を指間の下に傾け、PEラインを巻き込むように右手を再び2の形に戻す。

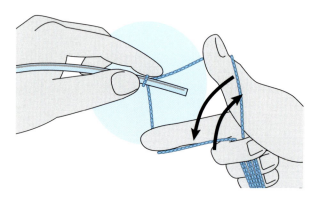

アドバイス　1では、PEラインを人差し指と中指に巻き付けて固定する方法もよく知られている（118ページ）。

PEラインとリーダーの結び

ラインに結びコブを作らない「摩擦系ノット」の一種。うまく結ぶには多少の練習が必要になるものの、的確に結節できたときの強度は抜群。ルアー釣りや沖釣りのライトタックル釣法などで多用されている。

4 ❷〜❸の手順を1セットとして、12セット前後巻き付ける。編み込み部分を1回1回左手の人差し指と親指で軽く押さえながら作業すると緩まない。同時に、ほかの指でリーダーを少しずつ引き込んでいくと、巻き付け部分を押さえやすくなる。また、リーダーの巻き付け部の残りが少なくなってきたら、右手の指で少しずつ引き出すとよい。

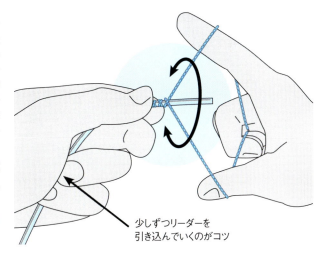

少しずつリーダーを引き込んでいくのがコツ

5 PEラインが、このようにリーダーの上下できれいにクロスしながら巻き付いている状態になっていればOK。

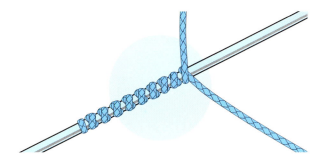

6 巻き終えたら最後の部分が緩まないように右手のPEラインをほどき、PEの端イトを利用してリーダーとPE本線を軽くハーフヒッチして仮留めする。PE本線を竿先などで張った状態にしておくと作業しやすい。

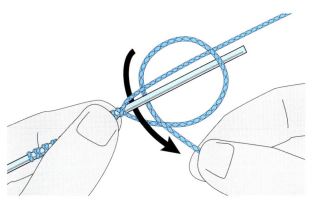

← 7 へ続く

FGノット

7 巻き付け部分を唾液などで湿らせ、PEラインとリーダーを両手に持ってジワジワと強く引っ張り、しっかり締め込む。指が痛ければ、皮手袋や専用の締め具を使うとよい。

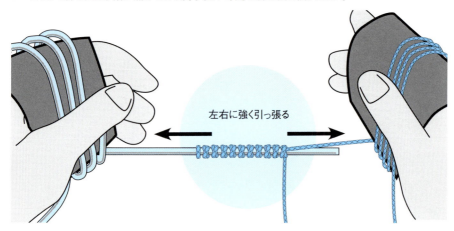

左右に強く引っ張る

8 しっかり締め込んでいくと、PEラインの間隔が詰まってリーダーに食い込んでいく。同時にPEラインが濃く変色すれば成功だ。細いPEラインでは、強く引っ張りすぎると切れることがあるので注意したい。

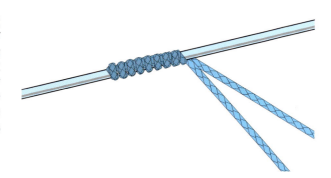

9 さらにノット部分を補強するために、余ったPEラインの端イトを利用して、リーダーとPEライン本線を束ねてハーフヒッチ（編み付け結び＝28ページ）で編み込んでいく。

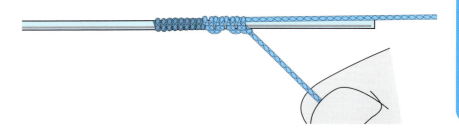

10 10回ほど編み込んだら、リーダーの余分な部分をカット。太いリーダーを使用する場合は、切り口をライターで軽く溶かして丸く潰しておくと、PEラインを傷つけにくくなる。

11 最後にリーダーの切り口からPEラインを保護するため、さらにハーフヒッチで本線を5～10回編み込む。PEラインの余分をカットすれば完成。

＊ていねいに編み込んだラインをしっかりと締め込むのが、この結び方の最大の要所。このとき、素手で作業するとラインが食い込んで手を傷めることがあるので、ゴムチューブかグローブ、専用締め具などを使って作業するとよい。また、締め込み時にラインの動きをスムーズにするために、薬局などで買えるワセリンを潤滑剤として少量塗り込んでから締め上げる方法もある。

SFノット

FGノットの簡易版は、仕上げの結び方がよりスピーディ

1. リーダーにPEラインを編み込んでいく作業までは、FGノットとまったく同様でよい。イラストのように、PEラインを右手の人差し指と中指に4〜5回巻き付けて保持する方法もある。

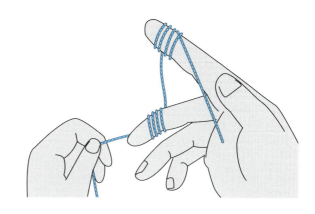

2. 編み込み数は、PEラインの太さに応じて8〜12セットで調整する。

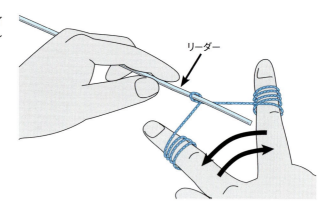

3. 編み込みが終了したら、編み込み部分が緩まないようにPEラインの端イトで軽くハーフヒッチして仮留め。

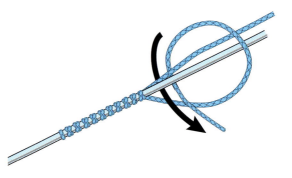

基本はFGノット（114ページ）と同じだが、最後のハーフヒッチを省略し、リーダー側をユニノットで留めることでより素早く結ぶことが可能だ。また、FGノットでありがちなスッポ抜けを防げる利点もある。

4 リーダー側でPEラインの本線と端イトを取り込むようにしてユニノット（24ページ）を作る。巻き付けの回数は2～3回でOK。

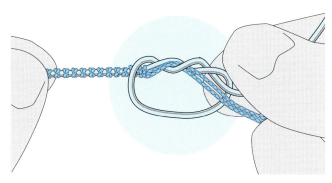

5 先に、リーダー側の結びを80％ぐらいの力で引き締める。続いて、PEラインの編み込み部分を結び目のほうへ指で押し込み、リーダーとPE本線を反対方向に強く引き絞っていく。

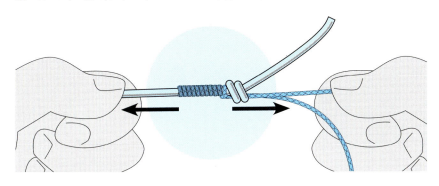

6 PEラインの編み込み部分がキッチリと詰まり、濃く変色するまで引き絞る。PEの端イトとリーダー側の結びもしっかりと締め込んでから、余分の端イトをカットして完成だ。

フィッシャーマンノット

ラインをダブルにした簡易版だが、強度は安心

1. リーダーの先端にループを作り、ループの中に端イトを2回くぐらせる。できたリーダーのループの中に、PEラインの先端を30〜40cmほど折り返した状態でくぐらせる。

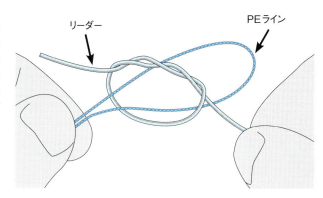

2. リーダーの結び目と同じ軌道で、PEラインを2回くぐらせる。くぐらせる向きを間違えないように注意。その後、PEラインを15〜20cmほど引き出す。

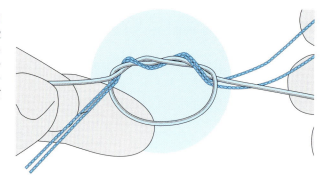

3. リーダーの両端を引っ張り、80%ぐらいの力で締めておく。これによって、リーダーの結び目の中に、PEラインが直線状態になって通る。

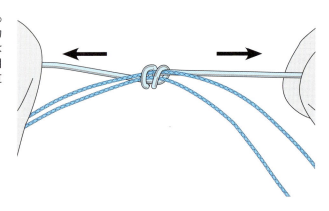

ルアーフィッシングで人気のPEライン用の結び。PEライン先端をビミニツイストなどでダブルにしてから結ぶのが通例だが、ここで紹介するダブルラインを省略した簡易版でも、強度的には遜色ない。

4 PEラインの2本の束をリーダー先端側に向かって10～12回ほど、ていねいに巻き付けていく。巻き始め部分を指で押さえて、ラインをくぐらせるためのスペースを確保しておくのがポイント。

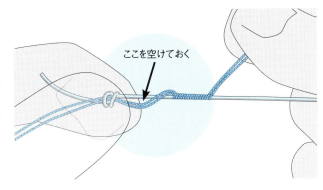

ここを空けておく

5 PEラインを巻き終えたら、その先端を巻き始めに確保しておいたスペースの中に通す。巻き付け部分が緩まないように注意。

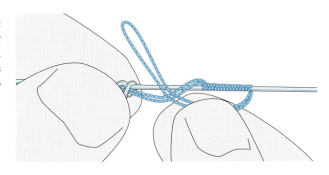

6 リーダー本線、PEの本線と端イトをそれぞれしっかり持ち、しっかり引き締めていく。さらにループの先端とリーダーの結びをきっちりと締め、余ったPEラインとリーダーの端イトをカットして完成。

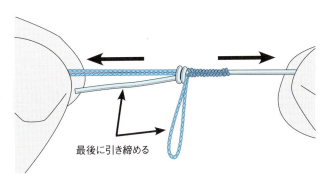

最後に引き締める

アドバイス　4の巻き付け数が少ないと、PEラインを強く引っ張ったときにズルズルと抜けてしまうので注意。

ファイヤーノット

滑りやすいPEラインにも適合したリーダーの結び方

1. リーダーの根元を7〜8cm折り返し、その上からPEライン先端を通す。PEラインの長さは15〜20cmが目安。

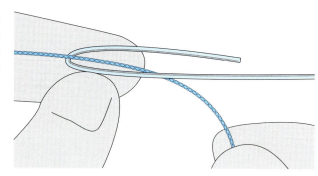

2. 利き手の反対の親指と人差し指でリーダーの折り返し部分とPEラインをつまみ、利き手でPEラインを二重になったリーダーに巻き付けていく。巻く方向は、下から手前上方向にすると作業しやすい。

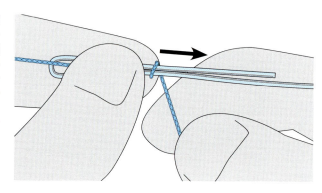

3. 1回巻くたびにリーダーを持つ手の中指と薬指でPEラインを受け取り、再度、返した利き手でPEラインを受け取って巻いていく。これで、PEラインを緩むことなく巻くことができる。

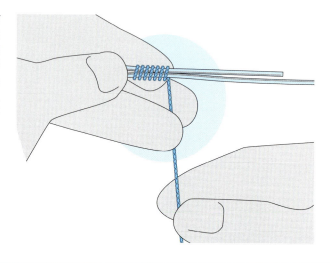

比較的張りがあって滑りやすいハイブリッドPEやファイヤーラインなどに適した結び。伝統的な結び方であるオルブライトノットに似ているが、巻き付け部分を2重にすることで強度をアップさせている。

4 PEラインを7～10回巻いたら折り返し、今度は逆の方向へ7～10回巻き付けていく。

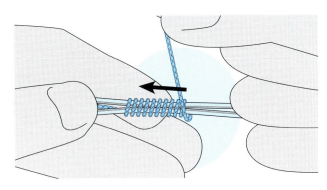

5 巻き終えたら、**1**でPEラインを通した同じ方向に抜く。さらに、巻き付け部分が緩まないようにつまみ、リーダー本線をゆっくり引いて、ループを小さくしておくのがコツ。

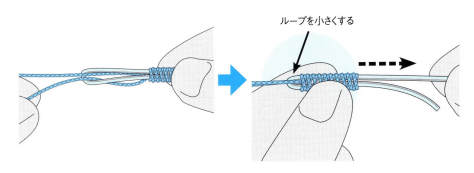

ループを小さくする

6 巻き付け部分を濡らし、PE本線とリーダー本線を持って引き締めていく。PEラインが濃く変色するぐらい引き締めればOK。余分をカットして完成だ。

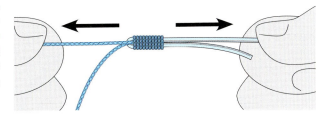

123　アドバイス　**4**の巻き付け数が多すぎると最後の締め付けが甘くなりやすいので、多くても10回ほどが無難だ。

PRノット

PEラインとリーダーとの結節では最強の摩擦系ノット

1 これがPRノットを結ぶための専用ボビン&ホルダーのひとつ。ボビン内のウエイトを調整することで、ラインの巻き付け時にちょうどいいテンションを与えてくれる。

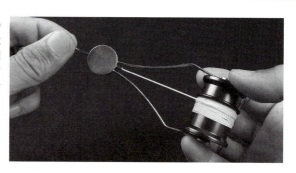

2 PEラインをボビンホルダーのノズル先端から通してボビンに付属の輪ゴムに留め、ラインを10回転ほど巻き取る。

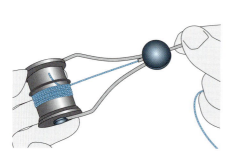

3 一度ボビンをホルダーから外してホルダーのアーム部分にラインを5回巻き付け、再びボビンをホルダーにセットする。

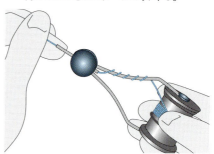

4 PEラインとリーダーの端を持って30cmほど束ね、右手に2〜3回巻き付ける。同様に、左手にはリーダーを巻く。

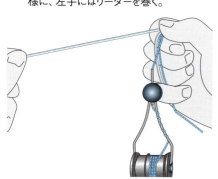

5 右手の親指と人差し指でPEラインとリーダーをつまみ、左手ではリーダーをつまんで、両手の距離を2cmほどにして構える。

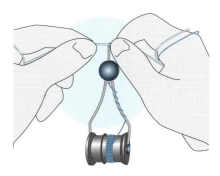

アドバイス　ホルダーへのラインセットの方法は製品によって異なるので、適宜説明書を参考にしてみたい。

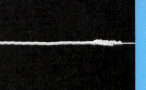

PEラインとリーダー（先イト）の結節では、もっとも強度を発揮する摩擦系ノット。そのなかでも最強といわれるのが、この結びだ。専用ボビンを使うことで、誰がやっても適正なテンションで結ぶことができる。

6 ホルダーのノズル先端がリーダーにくっついている状態で、ホルダーを下から向こう側、上方向へと回転させていく。このとき、ホルダーのノズル先端が必ずリーダーに接触していることが大切。

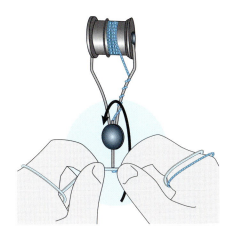

7 リーダーの左右をしっかり持って張り、ホルダーの遠心力を利用してPEラインをリーダーに対して左右方向に巻き付けていく。巻き付ける幅はPEラインの太さにもよるが、とりあえず15mm幅を目安にしよう。

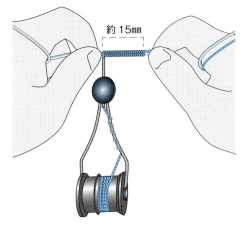

8 巻き終わりギリギリを左手の指先でブロックするようにつまみ、今度は右方向に巻いていく。左右の手の距離を近くすることで、リーダーがねじれることを防げる。

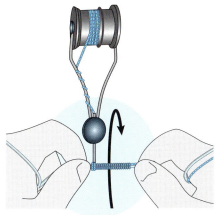

9 さきほど巻いた長さを通り越して、全体に4〜5cmほど巻けばOK。途中でノズル先端がリーダーから離れてしまうと、うまく巻き付けができなくなるので注意。

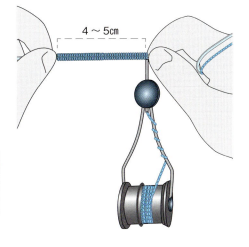

← **10** へ続く

PRノット

10 往復の巻き付けが完了したら、巻いた部分が緩まないように軽く指で押さえ、ホルダーからPEラインを抜き取る。

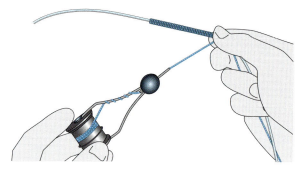

11 PEラインが多めに余るようなら、途中からハサミでカットしてしまってもよい。この場合、あとで行うハーフヒッチ分（約20cmほど）を余らせておこう。

12 リーダーとPE本線を一緒に束ねるようにして、PEの端イトでハーフヒッチして仮留め。巻き付けてきた方向と同じ方向にハーフヒッチするとラインが緩まない。

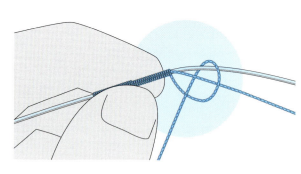

13 同様にしてハーフヒッチを4～6回繰り返す。ここは、交互でも一方向でもどちらでもよい。

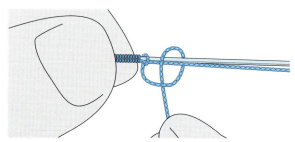

14 ハーフヒッチが完了したら、余分のリーダーを1〜2mm残してカット。

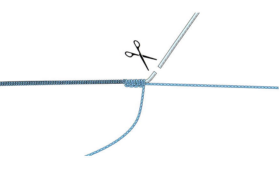

15 リーダーの鋭い切り口でPEラインを傷めないように、断面をライターで焼いて丸めておくとよい。その場合は、PEラインまで熱が伝わらないように、温度の低い炎の根元側で焼く。

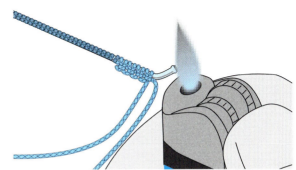

16 さらに、PE本線にハーフヒッチを8回ほど施し、余分の端イトをカットする。

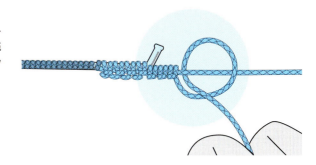

17 これでPRノットの完成。慣れてしまえば、数分で結ぶことができる。

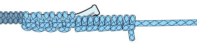

著者プロフィール

西野 弘章（にしの ひろあき）

　1963年、千葉県生まれ。国内・海外のあらゆるフィールドで、さまざまな釣りの楽しさを追究するフィッシングライター。アウトドア系の出版社勤務を経て、1996年にオールラウンドに釣りを紹介する編集のプロとして独立。それを機に、房総半島の漁師町に移住する。自著執筆のほか、数多くの雑誌・書籍の編集に携わり、TVCFのフィッシングアドバイザーなども務める。2017年、釣り具メーカー主催の結び強度コンテストにて総合優勝。

●著書・監修本／『世界一やさしい海釣り入門』（山と溪谷社）、『はじめての釣り超入門』『防波堤釣りの極意』『川釣りの極意』『防波堤釣り超入門Q&A200』『海遊びの極意』『海釣り仕掛け大全』『川釣り仕掛け大全』『はじめてのルアー釣り超入門』（つり人社）、『ゼロからのつり入門』（小学館）、『簡単・定番ノット事典』（地球丸）、『いますぐ使える海釣り 図解手引』（大泉書店）、『週刊 日本の魚釣り』（アシェット・コレクションズ・ジャパン）、ほか多数

●ウェブサイト／『房総爆釣通信』https://bosobakucho.jp

企画編集・DTP・写真＝西野編集工房
イラスト＝西野美和
協力＝牧野春美、石川啓道、白井豊、釣りを愛するすべての人々

釣りの結び完璧BOOK 海釣り編

2019年4月20日　初版第1刷発行
2024年1月25日　初版第3刷発行

著者　　西野弘章
発行人　川崎深雪
発行所　株式会社　山と溪谷社
〒101-0051
東京都千代田区神田神保町1丁目105番地
https://www.yamakei.co.jp/

■乱丁・落丁、及び内容に関するお問合せ先
山と溪谷社自動応答サービス　TEL.03-6744-1900
受付時間／11:00～16:00（土日、祝日を除く）
メールもご利用ください。
【乱丁・落丁】service@yamakei.co.jp
【内容】info@yamakei.co.jp
■書店・取次様からのご注文先　山と溪谷社受注センター
TEL.048-458-3455　FAX.048-421-0513
■書店・取次様からのご注文以外のお問合せ先　eigyo@yamakei.co.jp
印刷・製本　図書印刷株式会社

＊定価はカバーに表示してあります
＊落丁・乱丁本は送料小社負担でお取り替えいたします
＊禁無断複写・転載

© 2019 Hiroaki Nishino All rights reserved.
Printed in Japan ISBN978-4-635-36078-4